U0553683

帝學

〔宋〕范祖禹 撰

齊魯書社
·濟南·

圖書在版編目（CIP）數據

帝學 / (宋) 范祖禹撰. -- 濟南 : 齊魯書社, 2024. 9. -- (《儒典》精粹). -- ISBN 978-7-5333-4942-4

Ⅰ. D092.2

中國國家版本館CIP數據核字第202469N6J5號

責任編輯　劉　强　馬素雅
裝幀設計　亓旭欣

帝學

DI XUE

〔宋〕范祖禹　撰

主管單位　山東出版傳媒股份有限公司
出版發行　齊魯書社
社　　址　濟南市市中區舜耕路517號
郵　　編　250003
網　　址　www.qlss.com.cn
電子郵箱　qilupress@126.com
營銷中心　（0531）82098521　82098519　82098517
印　　刷　山東臨沂新華印刷物流集團有限責任公司
開　　本　880mm × 1230mm　1/32
印　　張　6.5
插　　頁　3
版　　次　2024年9月第1版
印　　次　2024年9月第1次印刷
標準書號　ISBN 978-7-5333-4942-4
定　　價　58.00圓

《〈儒典〉精粹》出版説明

《儒典》是對儒家經典的一次精選和萃編，集合了儒學著作的優良版本，展示了儒學發展的歷史脉絡。其中，《義理典》《志傳典》共收録六十九種元典，由齊魯書社出版。鑒於《儒典》采用套書和綫裝的形式，部頭大，價格高，不便於購買和日常使用，我們决定以《〈儒典〉精粹》爲叢書名，推出系列精裝單行本。

叢書約請古典文獻學領域的專家學者精選書目，并爲每種書撰寫解題，介紹作者生平、内容、版本流傳等情况，文簡義豐。叢書共三十三種，主要包括儒學研究的代表性專著和儒學人物的師承傳記兩大類。版本珍稀，不乏宋元善本。對於版心偏大者，適度縮小。爲便於檢索，另編排目録。不足之處，敬請讀者朋友批評指正。

齊魯書社

二〇二四年八月

《〈儒典〉精粹》書目（三十三種三十四册）

孔氏家語　荀子集解　孔叢子
春秋繁露　春秋繁露義證　鹽鐵論
新序　揚子法言　白虎通德論
潛夫論　中説　太極圖説　通書
龜山先生語録　張子語録　傳習録
張子正蒙注　先聖大訓　近思録
四存編　孔氏家儀　帝範
帝學　温公家範　文公家禮
聖門禮樂誌　東家雜記　孔氏祖庭廣記
伊洛淵源録　伊洛淵源續録　國朝漢學師承記
國朝宋學淵源記　孔子編年　孟子年表

解題

帝學八卷，宋范祖禹撰，清省園刻本

范祖禹字淳父（一作『淳甫』），一字夢得，四川成都華陽人。嘉祐八年（一〇六三）進士，歷官龍圖閣學士，出知陝州，事迹附載《宋史·范鎮傳》。所著有《唐鑑》《帝學》《范太史集》等。是書乃宋哲宗繼位初年祖禹任著作郎兼侍講時所進，皆纂輯自古以來帝王務學求師之事迹。卷一自太昊伏羲氏至周成王，凡十四人；卷二自漢高祖至唐憲宗，凡十二人（按：卷前目録遺『孝昭皇帝』）；卷三爲宋太祖、太宗、真宗；卷四至卷六爲宋仁宗（上中下）；卷七至卷八爲宋英宗、神宗（上下）。各條後間附論斷，則以『臣祖禹曰』低一格書之，以示區別。蓋卷一上古有論四條，卷二漢至唐僅卷末一條，卷三以下自宋太祖至神宗則人各有論。可見其於宋代諸帝篇卷最多，叙述綦詳，蓋即論者所謂『本法祖之意以爲啓迪』也（《四庫全書總目提要》語）。考宋仁宗、真宗年間，祖禹從司馬光編修《資治通鑑》，并自纂《唐鑑》十二卷，深明唐三百年治亂。哲宗繼位時甫十歲，宣仁太后臨朝稱制，祖禹將《唐鑑》呈進，爲太后所賞，爲學者所尊。初侍哲宗經幄，即上《勸學劄子》，稱『今日之學與不學，係他日治亂。如好學，則天下君子欣慕，願立於朝，以直道事陛下，輔佐德業，而致太平；不學，則小人皆動其心，務爲邪諂，以竊富貴』，而力陳宜以進學爲急。旋進呈此書，冀哲宗效前朝賢德之君，潛心向學，治心明道，以成明君。今觀此書，言簡義明，敷陳剴切。其開陳治道、區別邪正、辨釋事宜，平易明白，洞見底藴，循循以勤勉修德爲言，惓惓以防微杜漸爲念。方之漢儒賈誼、唐賢陸贄，不遑多讓。雖哲宗惑於黨論，不能盡用其説，以致更張初政，國是混淆；而聰粹好學，廣覽載籍，紹述先業，復土開邊，史稱有爲之主，亦由其學之有素也。是書另有明刻本、《摛藻堂四庫全書薈要》本、《四庫全書》本等。四川大學圖書館有繆荃孫舊藏所謂『宋活字印本』，學者以爲當爲清代活字印本，書賈射利，仿省園本精雕活字，抽掉『省園藏板』四字，并加鈐僞製明人文彭『兩京國子博士』諸章而冒充宋本者，故《中國古籍善本書目》弃之未録。至於此清省園刻本，亦有定爲活字本者，避諱如玄、殷、弘、敦、敬、鏡、禎、徵、讓、桓、慎等字均缺筆，蓋沿襲宋本舊式，所據之本則不可考矣。

徐泳

目録

帝學第二

帝學第八

帝學一編元祐中太史范
公勸講
金華摭取帝王務學求
師之要自究義迄于我
宋釐為八卷上之
玉音嘉納緝熙光明於

斯爲盛其五世孫擇能寧
高安刋置縣齋未究散逸
戶曹玉牒汝洋一日訪得元
本因併鋟木以補道院之
闕庶永其傳嘉定辛巳
季夏望日青社齋礪書

建炎四年七月　日朝散大夫試禮部尚書臣謝

克家等劄子奏臣等伏見故翰林學士范祖禹當

元祐中終始實在

經筵所著唐鑑既已進

御外有

仁皇訓典及帝學二書有益治道可備

睿覽令祖禹之子前宗正少卿冲寓居衢州伏望

聖慈下本州給以筆札令冲勘讀投

帝學卷第一

左朝散郎試給事中兼侍講兼實録修撰兼國史院修撰輕車都尉賜紫金魚袋臣范祖禹上進

太昊伏羲氏

炎帝神農氏

黄帝有熊氏

少昊金天氏

顓帝高陽氏

帝嚳高辛氏

帝堯陶唐氏

帝舜有虞氏

大禹夏后氏

商王成湯

高宗

周文王

武王

成王

太昊伏羲氏仰則觀象於天俯則觀法於地觀鳥獸之文與地之宜近取諸身遠取諸物於是始作八卦以通神明之德以類萬物之情上古結繩而治伏羲始作書契百官以治萬民以察

臣祖禹曰伏羲氏德合天地通於神明始畫八卦以開物成務故孔子言易始於伏羲肇有書契以紀萬事而治道可傳於後至堯而大備故孔子序書始於堯其前豈無聖人哉蓋其世遠不可以爲法也楊雄曰法始乎伏羲而成乎堯匪伏匪堯禮義哨 聖人不取也後世帝王之學本伏羲故臣以爲帝學之首

炎帝神農氏師曰悉諸

黃帝有熊氏幼而徇齊徇疾齊遠也言聖德幼而疾遠長而敦敏成而聰明師曰大橈大橈作甲子者又學於大眞伏羲神

農黃帝之書謂之三墳

少昊金天氏以鳥名官鳳鳥氏歷正鳳鳥知天時故以名歷正之官玄鳥氏司分玄鳥燕也以春分來秋分去伯趙氏司至伯趙伯勞也以夏至鳴冬至止青鳥氏司啓青鳥鶬鴳也以立春鳴立夏止丹鳥氏司閉丹鳥鷩雉也以立秋來立冬去入大水爲蜃上四鳥皆歷正之屬官祝鳩氏司徒祝鳩鷦鳩也鷦鳩孝故爲司徒主教民鴡鳩氏司馬鴡鳩王鴡也摯而有別故爲司馬主法制鳲鳩氏司空鳲鳩鴶鵴也鳲鳩平均故爲司空平水土爽鳩氏司寇爽鳩鷹也鷙故爲司寇主盜賊鶻鳩氏司事鶻鳩鶻鵰也春來冬去故爲司事五鳩鳩民者也鳩聚也治民上聚故以鳩爲名五雉爲五工正雉有五種西方曰鷷雉東方曰鶅雉南方曰翟雉北方曰鵗雉伊洛之南曰翬雉利器用正

度量夷民者也夷平也九扈爲九農正扈有九種春扈鳻鶞夏扈竊玄秋扈竊藍冬扈竊黃棘扈竊丹行扈唶唶宵扈嘖嘖桑扈竊脂老扈鷃鷃以九扈爲九農之號各隨其宜以敎民事扈民無淫者也扈止也止民使不淫放魯昭公十七年郯子來朝叔孫昭子問焉曰少昊氏鳥名官何故也郯子曰吾祖也我知之昔者黃帝氏以雲紀故爲雲師而雲名炎帝氏以火紀故爲火師而火名共工氏以水紀故爲水師而水名太昊氏以龍紀故爲龍師而龍名我高祖少昊摯之立也鳳鳥適至故紀於鳥爲鳥師而鳥名自高陽以來不能紀遠乃紀於近爲民師而命以民事則不能故也仲尼聞之見郯子而學之告人曰吾聞之天子失官學在四夷猶信然則古聖人之建官立事必本於學也

少昊氏有四叔曰重曰該曰脩曰熙寔能金木及水能治其官使重爲勾芒木正該爲蓐收金正脩及熙爲玄

冥二子相代爲水正世不失職遂濟窮桑窮桑少昊之號也四子能治其官使不失職濟成少昊之功死皆爲民所祀窮桑地在魯北晉頃公十四年魏獻子問於蔡墨曰社稷五祀誰氏之五官也對曰少昊氏有四叔爲勾芒蓐收玄冥此其三祀也顓頊氏有子曰犂爲祝融共工氏有子曰勾龍爲后土此其二祀也后土爲社稷田正也有烈山氏之子曰柱爲稷自夏以上祀之周棄亦爲稷自商以來祀之

臣祖禹謹案周禮內史掌三皇五帝之書春秋之時楚左史倚相能讀三墳五典八索九丘是其書猶存也蓋自孔子刪書斷自唐虞不紀三皇而周易繫伏羲神農黃帝堯舜之事孔安國以伏羲神農黃帝之書爲三墳少昊高陽高辛

唐虞之出爲五典司馬遷作史記以黃帝爲五帝之首高陽高辛次之堯舜次之而少昊氏不紀考其制作法度自高陽已不能及四子修職皆百世祀少昊之德豈非學之至乎臣故取左氏傳郯子史墨之語以補少昊氏之事備三皇五帝之學焉

顓帝高陽氏師曰伯夷又受學於綠圖

帝嚳高辛氏聰以知遠明以察微仁而威惠而信脩身而天下服師曰伯招

帝堯陶唐氏聰明文思光宅天下若稽古欽明文

思安安益曰帝德廣運乃聖乃神乃武乃文師曰子州支又學於君疇孔子曰堯煥乎其有文章帝舜有虞氏若稽古濬哲文明温恭允塞師曰許由學於務成昭務成昭敎舜曰避天下之逆從天下之順天下不足定也避天下之順從天下之逆天下不足失也孟子曰大舜有大焉善與人同舍己從人樂取於人以爲善自耕稼陶漁以至爲帝無非取於人者取諸人以爲善是與人爲善者也又曰舜聞一善言見一善行若決江河沛然莫之能禦也少昊高陽高辛唐虞之書謂之五典

臣祖禹曰帝王之學謂之大學禮記曰大學之道在明明德在親民在止於至善知止而后有定定而后能靜靜而后能安安而后能慮慮而后能得古之欲明明德於天下者先治其國欲治其國者先齊其家欲齊其家者先修其身欲脩其身者先正其心欲正其心者先誠其意欲誠其意者先致其知致知在格物物格而后知至知至而後意誠意誠而后心正心正而后身修身修而后家齊家齊而后國治國治而后天下平故學者所以致知誠意正心修身齊家治

國明明德於天下堯舜之道是也帝王之學所以學爲堯舜也堯舜亦學于古先聖王而已其在易曰進德修業學以聚之問以辨之其在書曰若稽古其在詩曰正家以風天下此文王之學也楊雄曰適堯舜文王者爲正道後世學堯舜而及之者惟文王故孔子祖述堯舜憲章文武而習周公其他皆非道也

大禹夏后氏若稽古文命敷于四海祗承于帝聞善言則拜思日孜孜作訓以戒子孫曰民可近不可下民惟邦本本固邦寧予視天下愚夫愚婦一

能勝予一人三失怨豈在明不見是圖予臨兆民懍乎若朽索之馭六馬爲人上者奈何不敬又曰内作色荒外作禽荒甘酒嗜音峻宇彫牆有一于此未或不亡禹爲人敏給克勤惡旨酒而好善言師曰大成摯學於西王國禹惜寸陰爲善日不足也見耕者耦立而式二人並耕曰耦式車敬耕者也過十室之邑必下下車也十室之邑以其必有忠信故下之

商王成湯不邇聲色不殖貨利以義制事以禮制心昧爽丕顯坐以待旦作盤銘曰苟日新日日新又日新伊尹耕于有莘之野而樂堯舜之道湯三

往幣聘之伊尹思天下之民匹夫匹婦有不被堯舜之澤者如己推而內之溝中故就湯而說之以伐夏救民湯學于伊尹而後臣之商頌曰湯降不遲聖敬日躋昭假遲遲上帝是祗帝命式于九圍是湯之德也

高宗得傅說以爲相王曰來汝說台小子舊學于甘盤（甘盤賢臣有道德者）說曰王人求多聞時惟建事學于古訓乃有獲事不師古以克永世匪說攸聞惟學遜志務時敏厥脩乃來允懷于茲道積于厥躬惟斆學半念終始典于學厥德脩罔覺監于先王成

憲其永無愆

周文王在傳弗勤處師弗煩益易之八卦爲六十四卦（伏羲畫八卦文王演之爲六十四）太公呂望避紂居東海之濱聞文王作興曰吾聞西伯善養老者徃歸之文王以爲師大雅曰亹亹文王令聞不已（亹亹勉也其善聲聞無止時也）又曰穆穆文王於緝熙敬止（穆穆美也緝熙光明也）又曰倬彼雲漢爲章于天（倬大也雲漢在天其爲文章辟犹天子爲法度于天下）周王壽考遐不作人追琢其章金玉其相（追琢玉使成文章喻文王爲政先以心研精合于禮義然後施之萬民其好而學之如覩金玉然言其政可樂也）勉勉我王綱紀四方又曰雝雝在宮肅肅在廟（雝雝

和也肅肅敬也又曰不聞亦式不諫亦入性與天合小雅曰伐木燕朋友故曰也自天子至于庶人未有不須友以成者此文王燕朋友之詩單襄公曰文王質文言質性有文德故天祚之以天下孔子曰文王既沒文不在茲乎故祖述堯舜憲章文武子貢曰文武之道未墜于地孔子學文王者也武王師太公號曰師尚父師之尚之父之故曰師尚父王踐治三月召師尚父而問焉曰黃帝高陽之道有乎意亦忽不可得見與師尚父曰在丹書王欲聞之則齋矣三日王端冕師尚父亦端冕奉書而入負屏而立王下堂南面而立師尚父

曰先王之道不北面王行西折而南東面而立師尚父西面道書之言曰敬勝怠者吉怠勝敬者滅義勝欲者從欲勝義者凶且臣聞之以仁得之以仁守之其量百世以不仁得之以仁守之其量十世以不仁得之以不仁守之不及其世王聞書之言惕若恐懼退而爲戒書於席之四端爲銘焉於几爲銘焉於鑑爲銘焉於盥盤爲銘焉於楹爲銘焉於杖爲銘焉於帶爲銘焉於履屨爲銘焉於觴豆爲銘焉於戶爲銘焉於牖爲銘焉於劍爲銘焉於弓爲銘焉於矛爲銘焉於席前左端之銘曰安

樂必敬前右端之銘曰無行可悔後左端之銘曰一反一側亦不可忘後右端之銘曰所監不遠視邇所化鑑之銘曰見爾前慮爾後盥盤之銘曰與其溺於人也寧溺於淵溺於淵猶可游也溺於人不可救也楹之銘曰毋曰相殘其禍將然毋曰相害其禍將大毋曰相傷其禍將長杖之銘曰惡乎危於忿疐惡乎失道於嗜慾惡乎相忘於富貴帶之銘曰慎戒必恭恭則壽劍之銘曰帶之以爲服動必行德行德則興倍德則崩矛之銘曰造矛造矛少間弗忍終身之羞予一人所聞以戒後世子

孫既克商王訪于箕子作洪範西旅獻獒太保作旅獒用訓於王曰德盛不狎侮狎侮君子罔以盡人心狎侮小人罔以盡其力不役耳目百度惟貞玩人喪德玩物喪志志以道寧言以道接不作無益害有益功乃成不貴異物賤用物民乃足犬馬非其土性不畜珍禽奇獸不育于國不寶遠物則遠人格所寶惟賢則邇人安嗚呼夙夜罔或不勤不矜細行終累大德爲山九仞功虧一簣

成王幼不能涖阼周公相踐阼而治抗世子法於伯禽使之與成王居欲令成王之知父子君臣長

幼之道也是故知爲人子然後可以爲人父知爲人臣然後可以爲人君知事人然後能使人名公爲太保周公爲太傅太公爲太師保保其身體保謂安守之傅傅其德義傅猶敷也師導之教訓師傅之教大同也師主於訓導傅卽受而述之書序曰名公名保周公爲師相成王爲左右蓋周公復政留爲太師此二公之職也天子疑則問問則應而不窮者謂之道道者導天子以道者也常立於前是周公也誠立而敢斷輔善而相義者謂之充充者充天子之志者也常立於左是太公也絜廉而切直匡過謬邪者謂之弼弼者拂天子之過者也常立於右是名

公也博聞彊記敏給而善對者謂之承承者承天子之遺忘者也常立於後是史佚也故成王中立而聽朝則四聖維之是以慮無失計而舉無過事作頌曰惟予小子不聰敬止日就月將學有緝熙于光明佛時仔肩示我顯德行名公作誥曰惟王受命無彊惟休亦無彊惟恤嗚呼曷其柰何弗敬又曰王其疾敬德相古先民有夏天迪從子保面稽天若今時既墜厥命今相有殷天迪格保面稽天若今時既墜厥命今冲子嗣則無遺壽耇曰其稽我古人之德矧曰其有能稽謀自天又曰我不

可不監于有夏亦不可不監于有郡周公作洛誥王拜手稽首以求誨言周公曰孺子其朋孺子其朋其往無若火始燄燄厥攸灼叙弗其絶乃惟孺子頒朕不暇聽朕教汝于棐民彝汝乃是不蘉乃時惟不永哉又作無逸周公曰嗚呼君子所其無逸先知稼穡之艱難乃逸知則小人之依相小人厥父母勤勞稼穡厥子乃不知稼穡之艱難乃逸乃諺既誕否則侮厥父母曰昔之人無聞知周公曰嗚呼繼自今嗣王則其無淫于觀于逸于遊于田以萬民惟正之供無皇曰今日耽樂乃非民攸

訓非天攸若時人丕則有愆無若殷王受之迷亂酗于酒德哉周公曰嗚呼我聞曰古之人猶胥訓告胥保惠胥教誨民無或胥譸張爲幻周公曰嗚呼自商王中宗及高宗及祖甲及我周文王茲四人迪哲厥或告之曰小人怨汝詈汝則皇自敬德厥愆曰朕之愆允若時不啻不敢含怒又作立政周公若曰拜手稽首告嗣天子王矣用咸戒于王曰王左右常伯常任準人綴衣虎賁周公曰嗚呼休茲知恤鮮哉又曰嗚呼孺子王矣繼自今我其立政立事準人牧夫我其克灼知厥若丕乃俾亂

相我受命和我庶獄庶愼時則勿有閒之嗚呼予旦已受人之徽言咸告孺子王矣繼自今立政其勿以憸人其惟吉士用勱相我國家今文子文孫孺子王矣其勿誤于庶獄惟有司之牧夫嗚呼繼自今後王立政其惟克用常人王作周官以訓百官曰學古入官議事以制政乃不迷其爾典常作之師無以利口亂厥官又曰不學牆面涖事惟煩戒爾卿士功崇惟志業廣惟勤又曰作德心逸日休作僞心勞日拙

臣祖禹曰夏爲天子十有七世四百三十有二

年商爲天子三十有一世六百二十有九年周爲天子三十有六世八百六十有七年三代一千九百二十有九年其君以學見於經傳者唯禹湯高宗文武成王而已可謂至少也若夏之啓與少康商之祖甲中宗祖乙盤庚周之康王宣王皆有功烈見於詩書非學亦不能至也雖載籍闕略事遠難明然要之聖君少而庸君多故治日短而亂日長貴爲天子富有天下苟不學則無聞於後人君可不勉哉如夏之桀商之紂昏亂其德覆宗絕祀後世言惡則必稽焉豈

其性不可爲善哉由不法先王不親賢不務學也書曰惟聖罔念作狂惟狂克念作聖聖狂之分惟在念與不念而已可不戒哉

帝學卷第一

帝學卷第二

左朝散郎試給事中兼侍講充實錄修撰兼國史院修撰輕車都尉賜紫金魚袋臣范祖禹上進

漢太祖高皇帝

太宗孝文皇帝

世宗孝武皇帝

中宗孝宣皇帝

世祖光武皇帝

顯宗孝明皇帝

肅宗孝章皇帝

後魏高祖孝文皇帝

小卅七

唐太宗文武大聖大廣孝皇帝

玄宗至道大聖大明孝皇帝

憲宗昭文章武大聖至神孝皇帝

漢太祖高皇帝初定天下大中大夫陸賈時時前稱説詩書帝曰乃公居馬上得之安事詩書賈曰馬上得之寧可以馬上治乎文武並用長久之術也鄉使秦巳并天下修仁義法先聖陛下安得而有之帝有慙色謂賈曰試爲我著秦所以失天下吾所以得之者及古成敗之國賈凡著十二篇每奏一篇帝未嘗不稱善左右呼萬歲稱其書曰新

語

太宗孝文皇帝時求能治尚書者天下無有聞濟南伏生治之（生名勝故為秦博士）欲召時伏生年九十餘老不能行於是詔太常使掌故鼂錯往受之大中大夫賈誼為長沙王太傅歲餘帝思誼徵之入見上方受釐坐宣室上因感鬼神事而問鬼神之本誼具道所以然之故至夜半帝前席既罷曰吾久不見賈生自以為過之今不及也誼上書言三代之君教太子之法曰太子少長則入於學學者所學之官也（官謂官舍）學禮曰帝入東學上親而貴仁則親

疏有序而恩相及矣帝入南學上齒而貴信則長幼有差而民不誣矣帝入西學上賢而貴德則聖智在位而功不遺矣帝入北學上貴而尊爵則貴賤有等而下不踰矣帝入太學承師問道退習而考於太傅太傅罰其不則而匡其不及（則法也匡正也）則德智長而治道得矣此五學者旣成於上則百姓黎民化輯於下矣（輯和也）

世宗孝武皇帝時倪寬見帝語經學帝曰吾始以尚書爲樸學弗好及聞寬說可觀乃從寬問一篇

又詔求能爲韓嬰詩者徵蔡義待詔久不進見義

上䟽曰臣山東草萊之人行能無所比容貌不及衆然而不棄人倫者竊以聞道於先師自託於經術也願賜清閒之燕得盡精思於前上名見義說詩甚悅之擢爲光祿大夫給事中制曰道民以礼風之以樂今禮壞樂崩朕甚閔焉故詳延天下方聞之士咸登諸朝其令礼官勸學講議洽聞舉遺興礼以爲天下先太常議與博士弟子崇鄉黨之化以厲賢材焉於是建藏書之策外則有太常太史博士之藏內則有延閣廣內祕室之府置寫書之官下及諸子傳說皆充祕府董仲舒對冊推明孔氏帝遂罷黜百家表章六

經疇咨海内舉其俊茂與之立功建太學修郊祀改正朔定曆數協音律作詩樂禮百神紹周後號令文章煥然可述後嗣得遵洪業而有三代之風

孝昭皇帝始元五年詔曰朕以眇身獲保宗廟戰戰慄慄夙興夜寐修古帝王之事通保傅傳孝經論語尚書未云有明（賈誼作保傅傳在禮大戴記帝雖通此書而孝經論語尚書猶未能明也）其令三輔太常舉賢良各二人郡國文學高第各一人蔡義以韓詩授帝博士韋賢亦進授帝詩

中宗孝宣皇帝高材好學年十八師受詩論語孝

經元康元年詔曰朕不明六藝鬱於大道鬱不通也是以陰陽風雨未時其博舉吏民厥身修正通文學明於先王之術宣究其意者各二人中二千石各一人甘露三年詔諸儒講五經同異於石渠閣在未央殿北以藏秘書太子太傅蕭望之等平奏其議帝親稱制臨決焉乃立梁丘易大小夏侯尚書穀梁春秋博士

世祖光武皇帝愛好經術未及下車先訪儒雅採求闕文補綴漏逸先是四方學士多遁逃林藪至是莫不抱負墳策雲會京師乃立五經博士各以

家法教授太常差次總領焉建武五年修起太學備籩豆干戚之容帝受尚書通大義名桓榮入說甚善之每朝會輒令榮敷奏經義帝稱善曰得生幾晚拜榮爲博士車駕幸太學會諸博士論難於前自隴蜀平後未嘗復言軍旅皇太子嘗問攻戰之事帝曰昔衛靈公問陳孔子不對此非爾所及每旦視朝日昃乃罷數引公卿郎將講論經理夜分乃寐皇太子見帝勤勞不怠承閒諫曰陛下有禹湯之明而失黃老養性之福願頤愛精神優游自寧帝曰我自樂此不爲疲也

顯宗孝明皇帝爲太子時桓榮以少傅授尚書包咸以郎中授論語及即位尊榮以師禮拜爲太常帝嘗幸太常府令榮坐東面設几杖會百官驃騎将軍東平王蒼以下及榮門生數百人帝自執業每言輒曰大師在是永平二年三雍初成以李躬爲三老桓榮爲五更養老禮畢帝正坐自講諸儒執經問難於前冠帶縉紳之人圜橋門而觀聽者蓋億萬計榮疾篤帝問之入街下車擁經而前撫榮垂涕賜以牀茵帷帳刀劍衣被榮卒帝變服臨喪送葬五年以包咸爲大鴻臚每進見錫以几杖

入屏不趨贊事不名經傳有疑輒遣小黃門就舍即問九年爲四姓小侯立學置五經師自期門羽林之士悉令通孝經章句匈奴亦遣子入學濟濟乎洋洋乎盛於永平矣

肅宗孝章皇帝爲太子時張酺侍講及即位出爲東郡太守元和二年東巡狩幸東郡引酺及門生并郡縣掾史會庭中帝先備弟子之儀使酺講尚書一篇然後修君臣之禮還過魯幸闕里以太牢祀孔子及七十二人作六代之樂大會孔氏男子二十以上者六十三人命儒者講論蘭臺令孔僖

因自陳謝帝曰今日之會寧於卿宗有光榮乎對曰臣聞明王聖主莫不尊師貴道今陛下親屈萬乘辱臨敝里此乃崇禮先師增煇聖德至於光榮非所敢承帝大笑曰非聖者子孫焉有斯言乎遂拜僖郎中帝降意儒術特好古文尚書左氏傳建初四年會諸儒於北宮白虎觀講論五經同異使五官中郎將魏應承制問侍中淳于恭奏帝親稱制臨決如石渠故事

後魏高祖孝文皇帝好讀書手不釋卷五經之義覽之便講史傳百家無不該涉親講喪服於清徽

堂從容謂羣臣曰彥和季豫等年在蒙稚早登纓紱失過庭之訓並未習禮每欲令我一解喪服自審義解浮踈抑而不許頃因酒坐脱爾言從故屈朝彥遂親傳説將臨講坐慚戰交情御史中尉李彪對曰自古及今未有天子講禮陛下聖叡淵明事超百代臣得親承音旨千載一時

唐太宗文武大聖大廣孝皇帝初爲天策上將開天策府置官屬乃開館於宮西延四方文學之士出教以王府屬杜如晦記室房玄齡虞世南文學褚亮姚思廉主簿李玄道參軍蔡允恭薛元敬顔

相時諮議典籤蘇勗天策府從事中郎于志寧軍諮祭酒蘇世長記室薛收倉曹李守素國子助教陸德明孔穎達信都蓋文達宋州總管府戶曹許敬宗並以本官兼文學館學士分爲三番更日直宿供給珍膳恩禮優厚帝朝謁公事之暇輒至館中引諸學士討論文籍或夜分而寢又使庫直閻立本圖像褚亮爲贊號十八學士士大夫得預其選者時人謂之登瀛洲武德九年帝即位於弘文殿聚四部書二十餘萬卷置弘文館於殿側精選天下文學之士虞世南褚亮姚思廉歐陽詢蔡允

恭蕭德言等以本官兼學士令更日宿直聽朝之陳引入內殿講論前言往行商確政事或至夜分乃罷又取三品已上子孫充弘文館學生貞觀二年正月帝著金鏡述以示侍臣其略曰亂未嘗不任不肖治未嘗不任忠賢任忠賢則享天下之福用不肖則受天下之禍十四年二月幸國子監觀釋菜命祭酒孔穎達講孝經賜祭酒以下至諸生高第帛有差是時帝大徵天下名儒爲學官數幸國子監使之講論學生能用一大經已上皆得補官增築學舍千二百間增學生滿三千二百六十

員自屯營飛騎亦給博士使授以經有能通經者聽得貢舉於是四方學者雲集京師乃至高麗百濟新羅高昌吐蕃諸酋長亦遣子弟請入國學升講筵者至八千餘人帝以師說多門章句繁雜命孔穎達與諸儒撰定五經疏謂之正義令學者習之二十二年帝撰帝範十二篇以賜太子曰君體建親求賢審官納諫去讒戒盈崇儉賞罰務農閱武崇文且曰修身治國備在其中一旦不諱更無所言矣

玄宗至道大聖大明孝皇帝爲太子時褚無量以

國子祭酒侍講及即位加右散騎常侍開元三年帝謂宰相曰朕每讀書有所疑滯無從質問可選儒學之士使入内侍讀盧懷慎薦太常卿馬懷素乃以懷素爲左散騎常侍與無量更日侍讀每至閤門令乘肩輿以進或在别館道遠聽於宫中乘馬親送迎之待以師傅之礼以無量羸老特爲之造腰輿在内殿令内侍舁之五年懷素爲秘書監奏省中書散亂訛缺請選學術之士二十人整比校補從之於是搜訪逸書選吏繕寫命國子博士尹知章桑泉尉韋述等二十人同刊正以褚無量

爲之使於乾元殿前編校羣書八年無量卒命右散騎常侍元行冲整比羣書行冲上羣書四録凡書四万八千一百六十九卷十一年置麗正書院聚文學之士祕書監徐堅太常博士賀知章監察御史趙冬曦等或修書或侍講以張說爲修書使以總之有司供給優厚中書舍人陸堅以爲此屬無益於國徒爲糜費欲悉奏罷之張說曰自古帝王於國家無事之時莫不崇宮室廣声色今天子獨延礼文儒發揮典籍所益者大所損者微陸子之言何不達也帝聞之重說而薄堅十三年帝與

中書門下及禮官學士宴於集仙殿帝曰仙者憑虛之論朕所不取賢者濟理之具朕今與卿曹合宴宜更名集賢殿其書院官五品以上爲學士六品以下爲直學士以張說知院事右散騎常侍徐堅副之二十五年帝制訓誡六篇以示諸王其旨蓋明君臣父子之義齊祭稼穡之事宰臣李林甫等講宣布中外手詔曰周公誡伯禽無以魯國驕人朕萬聖雖慚豈忘誡子聊示庭訓何足宣布也天寶二載帝自注孝經頒於天下

憲宗昭文章武大聖至神孝皇帝留意典墳每覽

前代興亡得失之事皆三復其言又讀貞觀開元實録見太宗撰金鏡書及帝範玄宗撰開元訓誡帝遂採尚書春秋後傳史記漢書三國志晉書晏子春秋新序説苑等書君臣行事可爲龜鏡者集成十四篇一曰君臣道合二曰辨邪正三曰戒權倖四曰戒微行五曰任賢臣六曰納忠諫七曰慎征伐八曰慎刑法九曰去奢泰十曰崇節儉十一曰奬忠直十二曰修德政十三曰諫畋獵十四曰録勲賢分爲上下卷自曰前代君臣事跡元和四年以其書寫於屏風列之御座之右遣中使以書

屛六扇至中書宣示宰臣李藩裴垍曰朕近撰此屛風常所觀覽故以示卿藩等上表賀

臣祖禹案歐陽修贊曰唐有天下可稱者三君玄宗憲宗皆不克其終盛哉太宗之烈也今臣述明皇憲宗取其務學而已

帝學卷第二

帝學卷第三

左朝散郎試給事中兼侍講充實録修撰兼國史院修撰輕車都尉賜紫金魚袋臣范祖禹上進

大宋太祖啓運立極英武睿文神德聖功至明大孝皇帝

太宗至仁應道神功聖德文武睿烈大明廣孝皇帝

眞宗膺符稽古成功讓德文明武定章聖元孝皇帝

太祖啓運立極英武睿文神德聖功至明大孝皇帝建隆元年正月幸國子監二月又幸詔加飾祠

宇及塑繪先聖先賢先儒之象

帝親製文宣王兗公二贊

臣祖禹曰昔武王克商未及下車而褒先聖之後封賢臣之墓表商容之閭釋箕子之囚是以天下悅服傳世三十歷祀八百蓋由此也

太祖皇帝承五代之季受天眷命皇業初基日不暇給而即位之月首幸國學謁欵先聖次月又幸尊師重道如恐不及儒學復振寔自此始所以啓佑後嗣立太平之基也與武王未及下車之政何以異哉

三年六月以右諫議大夫崔頌判國子監始叙生徒講學

帝遣中使以酒果賜之因謂侍臣曰今之武臣欲盡令讀書貴知爲治之道

帝召宗正丞趙孚對後殿令講周易謂左右曰孚所說精博亦可賞也

四年四月丁亥幸國子監

開寶元年知制誥李穆薦王昭素名見便殿昭素開封酸棗人通九經尤精詩易時年七十七精爽不衰

帝問何不求仕進致相見之晚對曰臣草野惷愚無以裨聖化賜坐令講易乾卦召宰臣薛居正等觀之至飛龍在天

帝曰此書豈可合常人見昭素對曰此書非聖人出不能合其象因訪以民間事昭素所言誠實無隱帝嘉之尋以衰老辭求歸鄉里拜國子博士致仕留月餘遣之

帝自開寳以後好讀書嘗歎曰宰相須用讀書人

趙普爲相

帝常勸以讀書

臣祖禹曰

太祖皇帝之時天下未一方務戰勝而欲盡令武臣讀書夫武臣猶使之讀書而況於文臣其可以不學乎又言宰相須用讀書人夫宰相猶當讀書而況於

天子其可以不學乎又勸趙普以讀書蓋

太初皇帝知學之益又知爲君爲相不可以不學也書曰聖有謨訓明證定保

太祖皇帝之訓

子孫可不念之哉

帝因讀尚書歎曰堯舜之世四凶之罪止從投竄何近代法網之密邪

臣祖禹曰人君讀書學堯舜之道務知其大指必可舉而措之天下之民此不謂舉也非若人臣析章句考異同專記誦備應對而已太祖皇帝讀書能知其要如此史臣以爲有意於措刑其可謂至仁矣

太宗至仁應道神功聖德文武睿烈大明廣孝皇帝太平興國八年以聽政之暇日閱經史求人以備顧問始用著作佐郎呂文仲爲侍讀每出經史

即名文仲讀之
帝語宰相曰史館所修太平總類自今日進三卷
朕當親覽宋琪曰
陛下好古不倦觀書爲樂然日閲三卷恐至罷倦
帝曰朕性喜讀書開卷有益每見前代興廢以爲
鑑戒雖未能盡記其未聞未見之事固已矣此書
千卷朕欲一年讀徧因思好學之士讀萬卷書亦
不爲難大凡讀書須性所好若其所不好讀亦不
入昨日讀書從巳至申有鸛飛止殿吻至罷方去
左右曰昔楊震講學有鸛銜鱣墜堂下亦此類也

九年

帝謂近臣曰朕讀書必究微旨尚書云伊尹放太甲於桐宮三年以冕朕奉嗣王歸於亳作書三篇以訓太甲伊尹忠於太甲其理明矣杜預春秋後序云伊尹放太甲於桐乃自立也七年太甲潛出自桐殺伊尹立其子陟又左氏傳云伊尹放太甲而枉之卒無怨色然則太甲雖見放還殺伊尹猶以其子爲相此與尚書叙太甲事異不知伏生昏忘將此古書乃當時雜記未足審也豈有殺其父而復相其子者乎且伊尹著書訓君具在方册必

無自立之意杜預通博不當憑汲冢襍說特立疑又使伊尹忠節惑於後人

端拱元年八月幸國子監謁文宣王畢升輦將出西門顧見講坐左右言學官李覺方叙徒講書即召覺令對御講說覺曰陛下六飛在御臣何敢輒陞高坐帝爲降輦令有司張 幕設别坐詔覺講易之泰卦從臣皆列坐覺因述天地感通君臣相應之旨帝甚悅賜帛百匹明日謂宰臣曰昨聽說泰卦文理深奧足爲君臣鑑戒朕與卿等當遵守勿怠

淳化五年十一月辛國子監名直講孫奭講尚書判監李至執經講堯典一篇末畢遽令講説命三篇

帝曰尚書主言治世之道説命居最文王得太公高宗得傅説皆賢相也復誦説命事不師古匪説攸聞之句曰誠哉是言何高宗之時而有賢相如此加歎久之

帝與近臣論三史曰夫史書之作務在懲惡勸善若采摭小説異聞以綴飾者蓋不足訓大約忠孝正直可爲加歎也

眞宗膺符稽古成功讓德文明武定章聖元孝皇帝敦尚文雅自出閤後專以講學屬詞爲樂禁中遊息之所皆貯圖籍置筆硯及即位每召諸王府侍講邢昺及國子監直講孫奭等更侍講說質問經又久而方罷

咸平元年正月命擇官詳正經籍因訪明達經義者參知政事李至曰國學講書崔頤正博通諸經尤善說

帝曰朕宮中無事甚樂聽書常求其人尤不易得翌日召頤正講尚書於景福殿又於苑中講大禹

謨自是日令赴御書院侍對
帝謂宰相曰頤正講誦有功卿等更於班行中擇性行淳朴通經又知損益者二人以名聞頤正講尚書至十卷年老步趨艱蹇表求致仕帝命坐聞卹甚至聽以本官致仕仍充直講二年七月以兵部侍郎楊徽之戶部侍郎夏侯嶠並爲翰林侍讀學士國子祭酒邢昺爲翰林侍講學士翰林侍讀呂文仲爲翰林侍讀學士按唐開元中置侍讀其後有翰林侍講學士五代以來四方多事時君尚武不暇嚮學故此職久廢

太宗崇尚儒術聽政之暇觀書爲樂殆至宵分手不釋卷繇是命文仲爲翰林侍讀寓直禁中以備顧問然名秩未崇

帝聰明稽古奉承先志首置此職擇耆儒舊德以充其選班秩次翰林學士祿賜如之設直廬於祕閣侍讀更直侍講長上日給尚食珍膳夜則迭宿

帝嘗謂近臣曰朕聽政之外未嘗虛度時日探賾編簡素所耽玩但古聖奧旨有未曉處不免廢忘昨置侍講侍讀學士自今令監館閣書籍中使日具當宿官名進入朕欲召見訪問自是多召對詢

訪或至中夕焉

臣祖禹曰

太宗始命呂文仲侍讀

眞宗置侍講侍讀學士

仁宗開邇英延义二閣日以講讀爲常累聖相承有加無損有勤無怠此所以遺子孫之法也是以海內承平百三十年自三代以來蓋未之有由

祖宗無不好學故也

二年七月幸國學謁先師及覽三禮圖名祭酒邢

昺直講崔偓佺講尚書大禹謨從官侍座

帝曰偓佺講書頗達經義甚可稱也賜偓佺緋章服昺已下器幣

帝御便殿命翰林侍講學士邢昺講左氏春秋侍讀預焉

五年講春秋畢邢昺曰春秋一經少有人聽多或中輟

帝曰勤學有益最勝它事且深資政理無如經書朕聽政之餘惟文史是樂講論經藝以日繫時寧有倦邪十月召近臣觀書龍圖閣

帝曰朕自幼至今讀經典其閒有過數四在東宮時惟以敘書爲急其間亡逸者多方購求頗有所得今已類成正本除三館祕閣外又於後苑龍圖閣各存一本但恨校對未精如青宮要紀繼體治民論此一書二名並列篇目蓋購書之初務於數多不嫌重複甚無謂也

景德四年三月名近臣觀書玉宸殿即帝偃息之所茵幃皆黄絹爲之無文采之飾叙書八千餘卷

帝曰此惟正經正史累校定者小說它書亖不置於

此蓋俯近禁中最便觀覽國家搜訪圖書其數漸廣臣僚家有叙書者朕先借其目參校所少併令抄補所得甚多信非時手不能備此令祕閣之後新衣庫雖有棟宇地猶狹隘朕累令經度若遷此庫以廣其地尤爲佳事當諭劉承珪增葺之

帝宴餞侍講學士邢昺於龍圖閣上挂禮記中庸篇圖昺指爲天下國家有九經之語因講述大義序修身尊賢之理皆有倫貫坐者聳聽

帝甚加納之

大中祥符元年十一月幸曲阜謁文宣王廟有司

定儀止肅揖
帝特拜又幸孔林以樹木擁道降輿乘馬詣墳拜奠
帝曰唐明皇褒先聖爲王朕欲追謚爲帝可乎當令有司檢討故事以聞或言宣父周之陪臣周止稱王不當加以帝號遂止增美名
帝命王旦選儒學之士旦薦崇文院檢討馮元
帝召見命講易泰卦元進說曰地天爲泰者以天地之氣交也君道至尊臣道至卑惟上下相與則可以輔相天地財成萬物

帝悅賜元絳章服稱旦善擇才

天禧元年二月詔太子中允直龍圖閣馮元講易於宣和門之北閣待制預焉自是聽政之暇遂以爲常三年九月召宰臣樞密兩制及東宫僚屬於清景殿觀書

帝以青宫要紀事有未備因博采羣書廣爲承華要略十卷每篇著賛以賜皇太子至是書成故召近臣觀焉

太宗時邢昺嘗纂禮選以獻其後

帝閲書禁中得其本作賛以示近臣曰朕在東宫

曷爲侍講嘗徧講九經書亦有三五過或十餘過者唯尚書凡十四講蓋

先帝慈旨勉勵每旦聽書食訖習射使與兄弟朝夕同處所習者文武二事尓

帝與諸王宗室友愛甚篤然動有戒諭或問其講習爲學則喜見顏色形于獎勸編修君臣事迹日進草三二卷

帝雖政務繁劇亦中夕披閲條其舛互纖悉窮究諸儒疲於應對爲文務求温雅製述尤多中外書奏歌頌無不重復省覽暑月或衣單絺流汗浹體

而詳覽不輟文史政事之外無他玩好

帝讀經史摭其可以爲後世法者著正說五十篇

其後

仁宗御經筵命侍臣日讀一篇

帝學卷第三

帝學卷第四

左朝散郎試給事中兼侍講充實録修撰兼國史院修撰輕車都尉賜紫金魚袋臣范祖禹上進

仁宗體天法道極功全德神文聖武濬哲明孝皇帝上

仁宗體天法道極功全德神文聖武濬哲明孝皇帝大中祥符八年十二月封壽春郡王九年正月命尚書戶部郎中直昭文館張士遜戶部員外郎直史館崔遵度並爲王友眞宗宣諭曰兒子才七歲朕每自敎之卿等可盡乃心 退見郡王於内東門南閤

眞宗遣使謂士遜等曰兒子年小毋得列拜士遜等各拜二月詔以郡王學堂爲資善堂八月眞宗賜王歌凡七軸曰勸學曰修身曰懷儉約曰愼所好曰卹黎民曰勿矜伐曰守文天禧二年正月月旦眞宗幸元符觀遂幸資善堂徐王彭王郡王及南宮北宅宗室以下並列侍二月進封昇王八月立爲皇太子參知政事李迪樞密直學士王昕並兼太子賓客眞宗作元良箴以賜太子有殿侍張廸者給事左

右太子曰是可與賓客同名邪方覽尚書至協于克一遂令更名克一

真宗知之甚悅以語宰臣賓客三年九月請賓客以下講論語自是以爲常又問元首明哉股肱良哉何謂也乾興元年二月即皇帝位三月賜輔臣飛白書各一軸初帝未嘗爲飛白書一日試書体勢遒勁有如夙習因以分賜焉戊寅中書請自禫除後隻日於崇政殿或承明殿視事雙日如先帝政事前後殿皆不坐詔曰朕仰承先肇訓纘慶基思與忠賢日勤聽覽至于宵旰非敢怠遑雖每屬

於清閒亦靡圖於暇逸當延侍從講習藝文勉徇嘉謀用依來請雙日不視事亦當宣名侍臣便殿以閱書史冀不廢學也

皇太后諭宰臣曰

皇帝聽斷之暇宜名名儒講習經書以輔聖學十一月辛巳始御崇政殿西廡名翰林侍講學士孫奭龍圖閣直學士兼侍講馮元講論語侍讀學士李維晏殊與焉初詔雙日御經筵自是雖隻日亦名侍臣講讀

十二月甲辰名輔臣崇政殿西廡觀孫奭講論語

既而
帝親書唐人詩以分賜焉自是每名輔臣至經筵
多以御書賜之或取經書要言書一二紙
天聖二年二月乙丑名輔臣于崇政殿西廡觀講
孝經六月己未賜尚書工部郎中直龍圖閣馬宗
元三品服以講孝經徹也時
帝方嚮儒學名宗元入講故賜之
八月己卯幸國子監謁文宣王名從臣升講堂令
直講馬龜符說論語一篇賜龜符三品服已而觀
七十二賢贊述閱三禮圖因問侍講馮元三代制

度四年閏五月甲子召輔臣于崇政殿西廡觀宋綬等讀唐書

帝因曰朕覽舊史每見功臣罕能保其始終者若裴寂劉文静俱佐命之臣而不免誅辱王曾曰寂等及禍良以功成而不知退也

翰林侍讀學士勾當三班院宋綬請解三班以專講勸

皇太后命擇前代文字可以資孝養補政治者以備帝覽遂錄進唐謝偃惟皇誠德賦又錄孝經論語要言及唐太宗所撰帝範二卷明皇朝臣僚所

獻聖典三卷君臣政理論治卷之上

七月壬申詔諸路轉運司訪取部幕職令録京朝官有通經術長于講說者以名聞五年四月辛卯賜新及第人聞喜燕于瓊林苑遣中使賜御詩及中庸篇各一軸初

帝欲賜中庸篇命中書録本旣上乃令張知白進讀至修身治人之道必使反復陳之

十月乙酉監修國史王曾言唐史官吳兢于正史實録外録太宗與羣臣對問之語爲正觀政要今欲采

太祖
太宗
眞宗實録日曆時政記起居注其閒事迹不入正史者别爲一書從之

帝每御經筵以象架庋書策外向以使侍臣講讀
天聖末孫奭年高視昏或陰晦即爲徙御坐于閤外奭每講論至前世亂君亡國必反復規諷
帝意或不在書奭則拱默以俟
帝爲竦然改聽嘗書無逸圖上之
帝施于講讀閣

明道元年二月癸卯監修國史呂夷簡上三朝寶訓三十卷即王曾所請也

景祐元年正月丁亥尚書都官員外郎賈昌朝尚書屯田員外郎趙希言太常博士崇文院檢討王宗道國子博士楊安國並爲崇政殿說書日以二人入傳講說崇政殿置說書自此始

二年正月癸丑置邇英延義二閣寫尚書無逸篇于屏邇英在迎陽門之北東向延義在崇政殿之西南向是日御延義閣召輔臣觀賈昌朝講春秋盛度讀唐書

三年正月乙巳賈昌朝言臣幸得侍經禁中
陛下每以清閑之燕嚮學稽古徽言善道取高前
聖事在隻日杳隔嚴宸時政記史舘日曆及起居
注莫得纂述臣自景祐元年春迄二年冬凡出筵
傳臣出處升紬封章進對燕會賜與皆用存記列
爲二卷乞送史舘詔以邇英延又二閣記注爲名
命章得象等接續修纂
七月乙酉侍講學士馮元獻金華五箴降詔褒諭
四年三月甲戌朔以崇政殿說書尚書司封員外
郎直集賢院賈昌朝尚書禮部員外郎崇文院檢

討王宗道尚書屯田員外郎國子監直講趙希言
並兼天章閣侍講預内殿起居天章閣置侍講自
此始
九月丁卯御邇英閣讀唐書因詔唐書列傳止取
事又切于規戒者讀之
十月甲戌讀正説慎罰篇述後漢光武罷梁統從
重之奏
帝曰深文峻德誠非善政宋綬對曰五者峻德則
易寬刑則難夫以人主得專生殺一言之怒則如
雷如霆是峻易而寬難也

丙戌讀正說養民篇

帝曰尸子言君如打民如水何也丁度對曰水隨器之方圓若民從君之好惡是以人君愼所好焉

甲午講春秋詔春秋自昭公之後魯道陵遲家陪用政記載雖衆而典要則寡宜刪去蔓辭止取君臣政教事節講之因謂宋綬等曰春秋經旨在于獎王室尊君道丘明作傳文又甚博然其間錄詭異則不若公羊穀梁二傳之質綬等對曰三傳得失誠如聖言臣等自今凡丘明所記事稍近誣及部臣僭亂無足勸誡者皆略而不講

寶元二年三月壬寅編修院與三司上歷代天下戶數前漢千二百二十三萬三千六十二後漢千六百七萬七千九百六十魏九十四萬三千四百二十三晉二百四十五萬九千八百宋九十萬六千八百七十後魏三百三十七萬五千三百六十八北齊三百三萬二千五百二十八後周三百五十萬隋八百九十萬七千五百三十六唐九百六萬九千一百五十四國朝

太祖朝二百五十萬八千九百六十五

太宗朝二百五十七萬四千二百五十七

眞宗朝八百六十六萬九千七百九十九
寶元元年千一十一萬四千二百九十先是邇英
閣讀
眞宗正說養民篇見歷代戶口登耗之數
帝顧謂侍臣曰今天下民籍几何侍讀學士梅詢
對曰
先帝所作蓋述前代帝王恭儉有節則戶口充羨
賦斂無藝則版圖衰減自五代之季生齒凋耗
太祖受命而
太宗

其宗繼聖承祧休養百姓天下戶口之數蓋倍於前矣因詔三司及編修院檢閱以聞至是上之

十月乙丑御邇英閣講春秋左氏傳及讀正說終帝曰春秋所述前世治亂之事敢不監戒正說先帝訓言敢不遵奉丁度等拜伏而言曰陛下德音若此誠天下之福也帝又問丁度尚書洪範酒誥二篇大義度悉以對帝命録二篇以進因詔續講周易李淑讀三朝寶訓丁度李仲容讀所編經史規鑑事迹

十一月癸巳以皇子生燕宗室于太清樓讀三朝

寶訓賜御詩又出寶元天人祥異書示輔臣其書帝所集天地辰緯雲氣雜占凡七百五十六分三十門爲十卷

慶曆元年七月戊申朔出御製觀文鑑古圖記以示輔臣

八月詔兩制檢閲唐書紀傳君臣事迹近于治道者日録一兩條上之以翰林學士蘇紳言唐憲宗嘗令近臣具前代得失之迹繪圖以備觀覽也

二年二月召御史中丞賈昌朝侍講邇英閣故事臺丞無在經筵者

帝以昌朝長于講説特名之
天章閣侍講林瑀上周易天人會元紀御史中丞
賈昌朝言瑀以陰陽小説上惑天聽不宜在勸講
之地
帝諭輔臣曰人臣雖有才學若過爲巧僞終有形
迹乃落瑀職通判饒州
四年二月丙辰御迎陽門名輔臣觀圖畫其畫皆
前代帝王美惡之迹可爲規戒者因命曾公亮講
詩王洙讀
祖宗聖政録丁度讀前漢書先是趙元昊反罷進

講侍講趙師民上書陳十五事八曰延講誦因獻勸講箴至是復命講讀經史

帝御邇英閣讀漢書紀問長安城象莫能知共推趙師民師民因陳自古都雍年世舊址所在若畫諸掌

帝悅曰何直所記如此師民在經筵十餘年甚見器異常盛夏屬疾家居

帝飛白書團扇爲和平字以賜之

丁度讀漢書

帝曰漢稱文景景不及文鼂錯忠而被誅良可惜

也三月己卯
帝於邇英閣出危竿諭一篇述居高愼危之意又
出御書十有三軸凡三十五事一曰遵
祖宗訓二曰奉
眞考業三曰
祖宗艱難不敢有墜四曰
眞宗愛民孝思感噎五曰守信義六曰不巧詐七
曰好碩學八曰精六藝九曰愼言語十曰待耆老
十一曰進靜退十二曰求忠正十三曰懼貴極十
四曰保勇將十五曰尚儒籍十六曰議釋老十七

曰重良臣十八曰廣視聽十九曰功無迹二十曰戒喜怒二十一曰明巧媚二十二曰分希旨二十三曰從民欲二十四曰愼滿盈二十五曰傷暴露兵二十六曰哀鰥寡民二十七曰訪屠釣臣二十八曰講遠圖術二十九曰辨朋比三十曰斥諂佞三十一曰察小忠三十二曰監迎合三十三曰罪已爲民三十四曰損躬撫軍三十五曰一善可求小瑕不廢顧謂丁度等曰朕觀書之暇取臣僚上言及進對事目可施于政治者書以分賜卿等度及曾公亮楊安國王洙等既拜賜因請註釋其義

帝許之

乙酉

帝問輔臣春秋三傳异同之義賈昌朝對曰左氏多記時事公羊穀梁專解經旨大抵皆以尊王室正賞罰爲意然三傳异同考之亦有得失也

帝然之

丙戌丁度等上答邇英聖問一卷

帝覽之終篇指其中體大者六事付中書樞密院令奉行之答聖問者即所釋前所賜三十五事也

其序曰伏奉宣示御書文字十三軸仰窺

聖旨皆
陛下上念
祖宗下思政治述安危成敗忠邪善惡之事詢謀
下臣使進裨補敢不竭愚竊思自古求治之主靡不欲興理道安邦國納忠正退姦邪廣聰明致功業然行此數事在明與威斷尔明則不惑威則善禍斷則能行總是三者守而勿失非聖人孰能爲之臣等嘗讀唐書見憲宗英晤留心庶政宰臣陳說政要必往復語問既盡其理則曰凡好事口說則易躬行則難卿等既爲朕言之常須行之勿空

陳而已李絳對曰非知之艱行之惟艱陛下今日處分可謂至言然臣絳亦以天下之人從陛下所行不從陛下所言唯願每言之則必行之憲宗深所嘉納今臣等親承聖諭敷明治要亦願陛下日與輔臣舉此事日推而行之無使唐之君臣專美前代也

丁亥

帝謂輔臣曰朕每令講讀官敷經義于前未嘗令有諱避近講詩國風多刺譏亂世之事殊得以爲監戒章得象對曰

陛下留思六經能遠監前代興亡之迹此誠圖治之要也

五月壬申幸國子監謁至聖文宣王有司言舊儀止肅揖

帝特再拜

五年二月丙申御邇英閣讀漢書元帝紀帝語及漢元成二帝政理丁度因言頃者臣下不知大體務相攻許或發人陰私以圖自進賴

陛下聖明覺悟比來此風漸息

帝因言攻許之獘曰凡此皆謂小忠非大忠也

戊戌講詩起雞鳴盡南山篇先是講官不欲講衛
新臺
帝謂曾公亮曰朕思爲君之道善惡皆欲得聞況
詩三百皆聖人所删定義存勸戒豈當有避也乃
命自今講讀經史毋得輒遺
三月戊午講詩匪風篇曰誰能烹魚漑之釜鬵
帝曰老子謂治大國若烹小鮮義與此同丁度對
曰烹魚煩則碎治民煩則散非聖學深遠何以見
古人求治之意乎
己卯講詩六月篇

帝曰此序自鹿鳴至菁菁者莪皆當爲帝王常行之道豈止當時之事邪楊安國對曰昔幽王失道小雅盡廢四夷交侵中國遂微先儒所以作序爲萬世監也

帝令再講之

甲申講詩節南山篇

帝問楊安國周幽王所終安國對曰幽王在位十二年爲犬戎所殺宗周遂亡平王東遷自此微弱

帝雖素所聞知而特降問以示臣下善惡廢興之事無所諱也讀漢書韓信傳至信破齊自請爲假

王張良陳平躡高帝足遂以爲眞帝歎曰漢祖之從諫善用人不疑如此丁度對曰漢祖聰明大度故羣下得盡其誠不然何以基漢業也

四月辛卯講詩小旻篇曰如彼泉流無淪胥以敗帝謂趙師民曰以水喻政其有指哉對曰水性順順故通通則清逆故壅壅則敗喻用賢則王政通而世清用邪則玉澤壅而世濁幽王失道絀正用邪正不勝邪雖有善人不能爲治亦將相牽淪于汚敗也

丁未講詩至巷伯篇曰哆兮侈兮成是南箕注有魯男子獨處之事

帝曰嫌疑之際古人之所愼也此不著魯人姓氏豈聖人特以設教邪

壬辰講詩小弁至巧言篇

帝問將來說詩畢宜講何書楊安國對曰論語者先聖精意善言爲人倫師法於經義最大

帝曰然便可與孝經同講也

丁度在經筵

帝毎呼學士而不名常問蓍龜占應之事度對曰

卜筮雖聖人所爲及其成乃一技耳不若以古之治亂爲蓍龜也

十一月甲午講詩角弓篇

帝曰幽王不親九族以至于亡楊安國對曰冬至日

陛下親燕宗室人人撫藉豈不廣骨肉之愛也

帝又曰書云九族既睦平章百姓此帝堯之盛德也朕甚慕之

乙未講詩都人士篇

帝曰古人冠服必稱其行今冠服或過之行未必

如古人也讀

三朝經武聖略至

眞宗朝李繼和上言國初李漢超在關南以私錢貿易以佐公用人或繩奏之

太祖反令盡除所過稅

帝曰任人如此孰不盡力哉

帝學卷第四

帝學卷第五

左朝散郎試給事中兼侍講充實録修撰兼國史院修撰輕車都尉賜紫金魚袋臣范祖禹上進

仁宗體天法道極功全德神文聖武濬哲明孝皇帝中

慶曆七年三月丙申御邇英閣講孝經面賜曾公亮三品服

帝謂宋初曰此賜異于他臣僚又曰自古帝王皆有師今賜師儒之臣講筵之榮事也

己亥講論語序至安昌侯張禹

帝曰是朱雲乞斬者乎楊安國對曰是也因言禹

大字七十八

爲成帝師以論語授帝後爲丞相時大將軍王鳳專政吏民多上書譏切王氏成帝至禹第辟左右以吏民言王氏事示禹禹謂上曰新學小生亂道誤人宜無信用上雅信愛禹由此不疑王氏後王氏果篡漢

帝曰禹師臣不忠讀書何爲

四月己巳讀賈誼傳論三公三少皆天下之端士與太子居處出入故少成若天性習慣如自然

帝曰朕昔在東宮崔遵度張士遜馮元爲師友此三人者皆老成人至于遵度尤良師傅也

辛未讀正觀政要唐太宗曰今所任人必以德行學識爲本王珪曰人臣若無學業豈堪大任漢有詐稱衛太子者雋不疑斷以春秋蒯聵之事宣帝與霍光嘉之曰公卿大臣當用經術

帝曰人臣須是知書宰相尤須有學也楊安國對曰漢儒多引經決大事宰相必通一經

帝謂宋祁曰近代士人多不務通經但用一時之藝若取富貴蓋進用高科者不十年便居顯位所以不勸也又曰孫奭馮元有子孫在朝否祁對曰奭子瑜爲崇文院檢討元子諴監內衣庫

帝問其才行何如祁以實對

帝曰二人名儒奭尤淳正祁曰奭在朝屢奏論事

十月直史館張揆上所著太元集解名對延和殿

令揲蓍得斷首且言斷首準易之夬蓋陽剛以決

隂柔君子進小人退之象

帝悅擢天章閣待制兼侍讀

皇祐元年四月戊子御邇英閣講論語在陳絕粮

帝曰夫子言君子固窮明聖人亦有否泰尒楊安

國對曰聖人雖坐亡遺照不與人同憂患然亦同

天地否泰故用有行藏易曰天地閉賢人隱若成

湯繫于夏臺文王囚于羑里周公居東孔子絕粮此同天地否泰之事也講子曰賜也女以予爲多學而識之者與

帝曰夫子或爲帝王則無此與時君抗厲弟子抑揚之教乎安國對曰夫子雖不王然其巍巍蕩蕩與堯舜一致經籍垂於萬世君君臣臣父父子子夫子之力也講無爲而治者其舜也與

帝曰若後代人君任臣得人代天工而不私者人君亦可以無爲也安國對曰

陛下比年降手詔訪逮羣臣欲以致無爲也而當

國之臣必能上副憂勤此羣下之罪也講言忠信行篤敬

帝曰忠信篤恭不可斯須而去也講直哉史魚

帝曰蘧伯玉信君子矣而不若史魚之直不以邦有道則仕邦無道則卷而懷之也安國對曰聖意以蘧伯玉不若史魚欲戒不亮節之臣也

庚寅講師冕見子告之曰某在斯某在斯

帝曰夫子可謂不欺矣楊安國對曰誠如聖言五月癸巳講季氏篇

帝問遠人不服則修文德以來之如何趙師民對

曰文者經緯天地之總稱君人之道撫之以仁制之以義接之以礼示之以信皆文德也

帝曰然所先者無如信也師民曰至誠者天下之大本仁義礼樂皆必由之

陛下以爲最先此實聖道之要

乙未講論語天下有道則礼樂征伐自天子出天下無道則禮樂征伐自諸侯出自諸侯出蓋十世希不失矣自大夫出五世希不失矣陪臣執命國三世希不失矣

帝曰諸侯十世大夫五世陪臣三世何謂也楊安

國具以對又講戒之在得安國言人老好貪

帝曰今人云作子孫之計是也

七月壬子

帝朝拜

眞宗袖御回幸資善堂作詩

先皇教善敞東闈菲德承宗賴慶暉爲感儲筵驚歲月因瞻臺像駐驂騑楹書乍啓欽遺澤堂中藏先朝賜書庭樹重攀記舊圍疇曰學文親政地仰懷慈訓倍依依

九月壬寅講君子有九思

帝曰夫子語人君邪臣下邪楊安國對曰君子者通天子諸侯兼公卿大夫夫子立教亦通臣下也講不學詩無以言

帝曰古人賦詩以言志詩人之志有譎諫者何也安國具以對

帝曰亦有觀威儀省禍福古人于賦詩見之安國以春秋左氏傳鄭大夫子展伯有等賦詩以對曰此觀威儀省禍福之明也

丙午講鑽燧改火

帝問其說趙師民對曰古之聖王必上奉天時四

時變化各隨本性近世苟簡以爲非治之具而廢之至于萬事皆不如古

丁未講惡居下流而訕上者

帝曰何謂訕上楊安國對曰人君若有闕失臣下當力正之若不能面諫而退有後言居下流而訕上也講孔子曰商有三仁焉

帝曰三人迹异何同爲仁楊安國對曰三人各盡其所宜俱爲臣法故同稱仁

辛亥講子張篇

帝問子夏子張言交孰優趙師民對曰聖人之道

含覆廣大與天地參善者進德惡者改行子張之言實爲優也

帝然之

癸丑講宗廟之美百官之富

帝因問古之公卿大夫士皆有寢廟與今同異丁度宋祁對曰古者公卿大夫世及所以子孫守其宗廟近世公相或子孫衰弱墜失門戶雖有明詔立家廟然恐不得如古

帝因言近歲公相家有子孫微弱門戶乏主者軫惜久之

十一月庚寅朔御崇政殿名近臣三館臺諫官及
宗室觀
三朝訓鑑圖
十二月辛酉詔六日延和殿再坐名尚書虞部員
外郎盧士宗講周易令舊講筵學士上殿聽乙丑
再御延和殿侍讀侍講並赴命盧士宗講泰卦面
除天章閣侍講賜紫章服士宗楊安國所薦也是
日詔右僕射賈昌朝赴講筵備顧問不講書
帝以昌朝前宰相又舊講臣特命之
二年三月己丑御邇英閣講周易

帝曰易歷三古資九聖無有代号今豈訟近題云
周也楊安國對曰伏羲氏始畫八卦歷三古九聖
無文以言惟周官三易云一曰連山二曰歸藏三
曰周易蓋文王加周字以别于餘代尔講乾卦
帝曰聖人作易以通神明之德類万物之情而設
卦何取倚象也安國具以對
帝又曰大哉乾元萬物資始乃統天此人君所行
之道尔安國對曰
陛下乘天地之正合日月之明先天而天弗違舜
曰天之暦數在尔躬然則帝王與天地同德乃乾

元統天之事豈非
陛下所行之道乎

甲辰講易坤卦

帝曰上六龍戰于野何也楊安國對曰譬之權臣擅命作威作福蔽君耳目不得聰明可移人心可覆國家苟辨之不早必有龍戰之患也

帝曰用六何謂利永正安國對曰乾之德大故能以美利利天下坤之德劣故惟能以利永正久而能正則無一朝一夕之患故曰以大終也

壬子講易需卦

帝曰乾天也而在下坎水也而在上何也楊安國具以對又講位乎天位以正中也

帝曰以正中謂皇極之道乎安國對曰九五乃天子之位以陽居尊而履中正爲一卦之主總

陛下建皇極以御天下也

甲寅講易師卦字有與御名同音者

帝謂王洙曰此字何訓對曰訓正

帝曰聖人文字不須回避恐妨義理洙曰不敢臣子于君父之名臨文暫覩不無悚懼須至回避

帝曰但正言之

四月己卯讀前漢書東方朔傳至武帝微行數出
帝曰帝王每出須中嚴外辨何容易如此丁度對
曰武帝以承平日久藉文景之資所以窮志極欲
帝曰若安寧之時常思危亡之誠安有後悔又讀
至籍提封爲上林苑
帝曰山澤之利當與民共之度對曰臣事
陛下二十年每奉德音未嘗不憂勤天下此
陛下祖宗以來家法尔
乙酉讀後漢書安帝紀史臣論推咎台衡謂災癘
策免三公

帝曰莫若罪已以答天眚宋祁曰
陛下之言人君之至德也
十一月丁酉講易无妄卦
帝曰无妄之疾何云勿藥有喜楊安國對曰凡疾之所起由有妄而來九五居尊得位爲无妄之主天下皆无妄而偶有疾非已所致疾當自損可勿藥而喜也若人主剛正自修身無虛妄而偶有災若堯湯水旱非已所招但順時修德勿須治理必欲除去不煩勞天下是有喜也然堯遭洪水使鯀禹治之雖知災未可息且順民心鯀功不成若災

未息也禹能治水者災欲盡也是亦勿藥有喜之義也今河水記決歷五十年役天下兵民耗天下財用未嘗息大河之患亦未嘗復故道也而兵民頓斃何啻百千萬計地財委盡何啻億萬萬計恐民不堪命國力不繼臣以爲大河犬戎自古爲患當如堯舜務順民心順時修德其災自息亦勿藥有喜也

壬寅張揆讀後漢明德馬皇后紀至服大練抑止外家因言今妃族太盛不可不裁損使保其家

帝嘉納之

三年三月戊辰御邇英閣講易至山下有澤損君子以懲忿窒欲

帝曰人之情欲皆生于陰陽而節之在人楊安國對曰臣以爲人有六情喜怒哀樂好惡天有六氣陰陽風雨晦明故人之生也天命之謂性而命人之所稟以生也性人之所賦以分也言情則性之移也語欲則性之肆也故六情相濫則喜生于風怒生于雨哀生于晦樂生于明好生于陽惡生於陰故聖人取損象以懲忿窒欲也

帝然之

四月辛丑講易鼎卦

帝問九四之象施之人事如何楊安國對曰鼎爲烹飪成新之器上承至尊下又應初上承下施任重非據故折足而覆餗矣其猶任得其人雖重而可勝非其人必有顛覆之患

帝曰任人不可不慎也

乙巳講歸妹卦

帝問楊安國陰陽爻位所處安國具以對

帝顧謂安國等曰朕長于深宫易旨微奥毎須詳問卿等敷對時久得無煩乎曾公亮對曰安國以

所學偹承聖問豈敢言煩安國進曰臣寡學淺陋無以上副聖問因降拜謝

帝曰賴卿等宿儒博學多所發明朕甚悅之雖盛暑亦未嘗倦但恐卿等勞尒丁度復進曰自古帝王臨御日久非内惑聲色則外窮兵黷武

陛下即位三十年孜孜聖學雖堯舜之聰明不是過也

戊申講巽卦隨風巽君子以申命行事楊安國言巽爲風雨風相隨者申命令之謂也故先庚三日後庚三日

帝曰然風教君德也安國對曰乾卦六爻孔子備陳君德遂命安國講乾之九五安國既講乃言曰此帝王同天地之德也

五月辛亥楊安國講兌卦既畢

帝又命講謙卦

壬子安國講渙卦既畢

帝又命講泰卦

癸丑趙師民講節卦既畢

帝又命講師卦

九月辛酉講既濟卦九五東鄰殺牛不如西鄰之

禴祭寔受其福王洙曰礼說東鄰謂紂西鄰謂文王鄭以離爲牛坎爲豕故東鄰殺牛紂無德不如西鄰之禴祭文王有德實受其福也楊安國進曰王孔不取此義王弼云牛祭之盛者禴祭之薄者九五以既濟之時物皆濟矣將何爲焉祭祀之盛莫盛修德故黍稷非馨明德惟馨孔穎達云九五履正居尊動不爲妄修德者也假有東鄰不能修德雖殺牛至盛不爲鬼神所饗不如西鄰祭薄神明降福也

帝曰爻義既正洙以礼說亦可安國對曰周礼

鄭有異同之論石渠有父子分爭之說

庚午講極數知來之謂占

帝曰蓍策之數亦大衍之數也大衍有揲蓍之體有乾坤之策遂命王洙揲蓍得坎之艮令寫大衍一章經注具疏翌日進帝又問龜筮之事令進洪範稽疑經注具疏

辛未講讀以翠芳亭橙實賜講筵官各一枚

丙子講古之葬者厚衣之以薪葬之中野不封不樹

帝曰葬固宜儉楊安國對曰五代周高祖其葬最

儉
帝曰周高祖遺命止用紙衣瓦棺誠欲矯前代厚葬之失講讀退傳宣卿等侍對時久頗倦可於邇英後亭少憩止丁度等翌日稱謝
丁丑講讀官參問聖躬畢面詔當講讀臣僚立侍敷對餘皆賜坐侍于閤中天聖以前講讀官皆坐侍自景祐以來皆立侍至是
帝屢面諭以經史義旨須詳悉詢訪說卿等無乃煩倦否安國等進曰不敢至是有詔遂爲永制翌日丁度等奏謝

十月癸未詔丁度等前後漢書節義令撰序及名

甲申丁度等請名曰兩漢簡徵前史精要詔以前史精要爲名又詔撰邇英閣後殿名

乙酉丁度等請名曰詢猷隆儒清宴詔以隆儒爲名

丙申詔楊安國等五經正義節解令先撰序及名

丁酉安國等請名曰五經義宗精義樞要詔以五經精義爲名

丁丑

帝飛白書筆法二字賜講讀官各一軸時趙師民

謁告歸青州命就賜之皇祐以後每歲重午節必賜飛白書扇

十二月己亥御延和殿楊安國等上五經精義序進讀畢賜茶而退入内都知王守忠傳旨五經精義序俟覽畢降出辛丑降付邇英閣

帝學卷第五

帝學卷第六

左朝散郎試給事中兼侍講充實録修撰兼國史院修撰輕車都尉賜紫金魚袋臣范祖禹上進

仁宗體天法道極功全德神文聖武濬哲明孝皇帝下

皇祐四年三月丙辰講尚書嘉言罔攸伏野無遺賢萬邦咸寧

帝曰此君所以戒臣下也楊安國對曰臣聞古者君臣相接面稱不爲諂廷諫不爲謗臣能以嘉言進君君能舍己從人故帝曰俞允若兹又復敕臣下也講益曰吁戒哉儆戒無虞罔失法度

帝曰是臣獻謨于君也安國對曰益以戒舜亦獻謨也講水火金木土穀惟修

帝曰惟修者明順其性也安國對曰臣謹按洪範五行傳一曰水其性智二曰火其性禮三曰木其性仁四曰金其性義五曰土其性信此五者在天則其氣流行在地則人所行用也中庸曰天命之謂性率性之謂道修道之謂教王者常循其性行其道而修之所謂修也講正德利用厚生惟和

帝曰惟和者不失其事也安國對曰人君常正身修德以御下利節用儉以阜財厚生敦本以養民

此三者和則不失其事也

戊辰御邇英閣内出欹器一陳於御坐前諭丁度等曰朕思古欹器之法試令工人制之以示卿等

帝命以水注之中則正滿則覆虛則欹率如家語荀卿淮南之說其法度精妙度等列侍觀之

帝曰日中則昃月盈則虧聖人有持滿戒愼之守朕欲以中正臨天下當與列辟共守此道度等拜曰臣等亦願以中正事

陛下因言

太宗時嘗作此器

真宗製欹器論演先儒之義以垂戒
帝曰然
四月戊寅御邇英閣
帝作欹器論後述一篇以申存亡虧成之鑑示講
讀官丁度等請宣布中外使知聖心所存
帝曰但欲使卿等見之不須宣布度曰臣等欲各
傳本以章榮遇
帝曰可便以此本賜卿等皆拜而受之
六月壬寅御延和殿侍講學士上五經精義周易
節解二十卷因言尚書顧命禮記喪禮春秋家陪

亂政舊所不講今纂集精義所當去留上繫宸旨帝曰先王吉凶之制百代所遵不可以俗忌而簡去至于春秋喪亂之事皆有善惡鑑戒人主宜聞之亦須存錄先儒于經籍有一字之誤者朕常不敢改易但注以辨之況正經之義可輒芟去邪

九月甲寅丁度等上張揆修寫太元經

乙卯詔名山南東道節度使檢校太師同中書門下平章事賈昌朝赴講筵

丙辰詔賈昌朝未有差遣且令赴經筵俟有差遣即不赴

己未御邇英閣命賈昌朝講乾卦

帝謂侍臣曰昌朝位將相執經侍講朝廷美事也

翌日昌朝又手疏乾卦大旨在上一爻夫爻在亢極必有凶災不即言凶而言亢龍有悔者以悔中有可凶可吉之象若修德以濟世則免悔而獲吉也

帝面賜手詔嘉獎以所陳卦義付史館

庚申講尚書微子篇

帝曰微子箕子比干三人孰優楊安國以論語孔子之言對是日詔賈昌朝已差判許州令且在講

筵侯朝辭訖不赴

乙丑賈昌朝奏臣已治行李非晚朝辭乞更不赴

講

帝令且在講筵侯朝辭不赴

丙寅講尚書大賚于四海而萬姓悅服

帝曰王者爲政必順民心楊安國對曰臣嘗聞往者大河潰決民室流亡過半存者三四

陛下聖心震悼出内帑千百萬以賙救之民悅仁服德至今頌聲作焉

己巳講尚書洪範五事

帝曰王者之用五事皆本於五行乎王洙對曰王者治五行得其性則五事皆善故五事得則有休證五事失則有咎證是以聖人克謹天戒以修其身

帝曰人君奉天在於修德夙夜兢兢戒慎於未形尚恐不至必俟天有譴告然後修德此豈畏天之道也

十月戊寅詔侯講尚書畢講周禮令侍講以下與賈昌朝先修節解以備講説

十一月甲辰講尚書無逸

帝曰朕深知享國之君宜戒逸豫楊安國曰舊有無逸圖踈于屏閒

帝曰朕不欲坐席背聖人之言當書置之左右又命丁度取孝經之天子孝治聖治廣要道四章對爲右圖因令王洙書無逸蔡襄書孝經又命翰林學士承旨王拱辰爲二圖序而襄書之

甲寅御邇英閣侍講學士上五經精義尚書節解三十卷

五年四月丁酉御邇英閣講問命侍御僕從罔匪正人

帝曰君臣之際必誠意相通而後治道成楊安國

對曰

陛下聰明文思從諫弗咈如水之走下視羣臣若僚友自古盛王未之有也

帝曰臣下能進忠言朕何惜夏禹之拜

癸卯御邇英閣侍講學士上五經精義禮記節解九十卷

九月戊寅鑄鼎十有二圓丘用五宗廟用七又作鸞刀郊廟各一先是賈昌朝侍經筵

帝問鼎卦聖人亨以享上帝今郊何以無鼎昌朝

不能對曰容臣退而講求于是詔禮官議以爲郊有亨牲進熟遂命旣逸胡瑗鑄銅鼎制鸞刀帝親書鼎名曰牛鼎羊鼎豕鼎皆署而刻之牛鼎其容一斛羊鼎五斗豕鼎三斗鸞刀亦親書刀名而署之有司皆篆刻其下至

神宗元豐元年詳定郊廟奉祀禮文所議圓丘用犢不設羊豕俎及鼎奏罷之

壬辰再御延和殿侍讀學士上前史精要後漢書三十卷

十月甲寅再御延和殿侍講學士上五經精義春

秋節解八十卷

至和元年八月壬子召觀文殿大學士晏殊赴經筵賜坐礼如宰相儀

戊午知制誥賈黯言

陛下日御邇英閣召侍臣講讀經史其咨訪之際動關政體而史臣不得預聞臣竊惜之欲乞令修起居注官入侍閣中事有可書隨即記錄從之賜坐于御坐之西南其後修起居注石揚休言

陛下有所宣諭咨訪而臣坐遠不盡聞慮記録或有所遺乃命侍立于講讀官之末

九月丙寅王洙上周禮禮器圖先是洙講周禮

帝命畫車服冠冕籩豆簠簋之制及圖成上之已已講周禮大荒大札則薄征緩刑楊安國曰所謂緩刑者乃爲過誤之民當歲歉則貰之閔其窮也今衆持兵仗劫糧廩一切寬之恐不足以禁姦

帝曰不然天下皆吾赤子也一遇饑饉州縣不能存卹餓殍所迫遂至爲盜又捕而殺之不亦甚乎

臣祖禹曰書曰大哉王言又曰一哉王心

仁宗皇帝之言可謂大矣視天下皆吾赤子

仁宗皇帝之心可謂一矣造次不違於仁

壬申王洙講周禮至三年大比則大攷州里以贊鄉大夫廢興

帝曰古者選士三歲最爲酌中今四五歲始一詔下得無重抑多士乎不若裁減取人之數稍進古制精于考擇則天下無遺滯之才矣

二年二月詔龍圖閣直學士兼侍讀張昇年高免進讀止令侍經筵以備顧問

三月乙丑御邇英閣盧士宗講周禮眂祲

帝曰妖祥之興皆由人事名之君人者必在修德以承天意

己卯講周禮大罍王洙曰祠天地之器以質信爲本

帝曰曹操不事質信而多詐忌何以事上帝乎洙曰天地之德非至誠之道至質之器何以動之張揆讀後漢書應劭議刑揆曰當漢獻帝亂世有司猶能守法今天下奏獄或違法出罪負寃不伸水旱之災未必不由此也

帝曰

祖宗以來多用中典奏讞者往往貸之豈欲刑罰之濫乎

丙戌王洙講周官典瑞共含玉

帝曰若使人用此而骨不朽豈如功名之不朽哉

十月丁未孫抃讀史記龜筴傳

帝曰古人謀議動作必由此乎抃曰古人凡有大疑旣決之於已又詢之於衆猶謂不有天命乎於是命龜以斷其吉凶所謂謀及乃心謀及卿士謀及庶人謀及卜筮蓋聖人貴誠不專人謀默與神契然後爲得也

帝然之

壬子講周禮祭祀割羊牲登其首王洙曰祭陽以

其首首主陽也祭陰以其血血主陰也神明不測故但以類而求之

帝曰然天地簡易非至誠其能應乎又講左氏傳鄭人鑄刑書洙曰子産以鄭國之法鑄之於鼎欲使民知犯某罪有某罰也

帝曰使民知法而亂可止不若不知而自化也

十一月丙寅李淑讀太史公傳

帝謂淑曰太史公欲行其道而不果身不免於禍深可悲也顧其是非不謬於聖人眞良史之才矣

六年三月乙酉御崇政殿召輔臣觀御書兗州至

聖文宣王廟榜

龍圖閣直學士兼侍講錢象先善講說語約而義明

帝間有顧問必依經以對因諷諭政事遂及時務有啓迪獻納之益前後留侍十五年特被恩禮每乞外官輒不許旣去必見思而復召故事講官分日迭進象先已得講知蔡州帝以象先行有日令獨徹所講秩於是同列罷進者十日

帝嘗詔講官凡經傳所載逆亂之事皆直言毋諱侍講呂公著講春秋因言弒逆之事皆臣子之所

不忍言而仲尼書之春秋者所以深戒後世人君欲其防微杜漸居安慮危使君臣父子之道素明長幼嫡庶之分早定則亂臣賊子無所萌其姦心故易曰履霜堅氷至由辨之不早辨也

臣祖禹曰古之人君好學者有之矣未有終身好之而不厭者也

仁宗皇帝在位四十二年以堯舜爲師法待儒臣以賓友邇英講學游心聖道終身未少嘗倦是以一言一動仁及四海如天運於上而萬物各遂其生於下其本由於學故也詩曰上天之

載無聲無臭儀刑文王萬邦作孚言天德不可得而至也欲法天者惟法文王而已法文王則可以至天德矣臣願

陛下欲法堯舜惟法

仁宗而已法

仁宗則可以至天德矣

帝學卷第六

帝學卷第七

左朝散郎試給事中兼侍講充實録修撰兼國史院修撰輕車都尉賜紫金魚袋臣范祖禹上進

英宗體乾膺曆隆功盛德憲文肅武睿神宣孝皇帝

神宗英文烈武聖孝皇帝上

英宗體乾膺曆隆功盛德憲文肅武睿神宣孝皇帝初在睦親宅閉門讀書終日未嘗燕遊慢戲服御儉素如儒者吳王宮教授吳充進宗室六箴一曰視二曰聽三曰好四曰學五曰進德六曰崇儉仁宗以付大宗正司

帝書之屛風常視以自戒及爲皇子名本宮教授周孟陽爲辭奏孟陽有所勸諭即謝孟陽而拜嘉祐七年遷入内行李蕭然無異寒士有書數廚而已中外聞之相賀

八年四月即位十月輔臣請如乾興故事雙日名侍臣講讀

帝曰當俟祔廟畢擇日開經筵

十二月己巳始御邇英閣名侍讀侍講講讀經史講論語學而時習之侍講呂公著曰説命曰王人求多聞時惟建事學于古訓乃有獲然則人君之

學當觀自古聖賢之君如堯舜禹湯文武之所用心以求治天下國家之要道非若博士諸生治章句解訓詁而已又講有朋自遠方來不亦樂乎公著言自天子至於庶人皆須朋友講習然士之學者以得朋爲難故有朋自遠方來則以爲樂至於王人之學則力可以致當世之賢者使之日夕燕見講勸於左右又以左右之賢爲未足於是乎訪諸巖穴求諸滯淹則懷道抱德之士皆不遠千里而至此天子之友朋自遠方來者也其樂亦大矣又講人不知而不慍不亦君子乎公著言在下而

不見知於上者多矣然在上者亦有未見知於下
者也故古之人君政令有未孚人心有未服則反
身修德而不以愠怒加之如舜之誕敷文德文王
之皇自恭德是也

治平元年四月甲申御邇英閣前此
帝諭內侍任守忠曰方曰永講讀官久侍對未食
必勞倦自今視事畢不俟進食即御經筵故事講
讀畢拜而退
帝命毋拜後遂以爲常
講論語宰予晝寢呂公著曰舊説宰予晝寢寐也

侍讀學士臣敞以爲禮君子晝不居於内夜不居於外宰予晝居於寢故孔子非之

帝自即位感疾至是猶未全安多不喜進藥吕公著講論語子之所慎齋戰疾因言有天下者爲天地宗廟社稷之主其於齋戒祭祀必致誠盡恭不可不慎古之人君一怒則伏尸流血則於興師動衆不可不慎至於人之疾病常在乎飲食起居之間衆人所忽聖人所慎況於人君任大守重固當節嗜欲遠聲色近醫藥爲宗社自愛不可不慎

帝納其言爲之俛首而動容自是每因講進戒

帝必肅然
講論語九人而已呂公著曰舊說其一人謂文母
侍讀學士臣敞以爲子無臣母之理有婦人焉蓋
邑姜也自古有道之君必求賢妃正女以爲内助
朝夕警戒然後可以成德故詩美后妃能輔佐君
子易稱家道正而天下定矣講卑宮室公著曰昔
周宣王初卽位更爲儉宮室小宗廟而致中興之
功後世人君多務盛宮闕之制窮土木之工欲以
夸四方而示後人輔弼之臣雖蕭何謝安猶不免
此惑殊不知夏禹周宣恭儉之德可以垂美於萬

世也
帝因輔臣奏事語及呂公著歐陽修曰公著爲人恬靜而有文
帝曰比於經筵講解甚善
六月己亥詔曰雖王子之親其必由學惟聖人之道故能立身若昔大猷自家刑國令一祖之後諸宗之支亦嘗著令於前命官以訓或兼職他邸或備位終年誘導之宜滅裂無狀蓋命不持固事遂因循特詔近臣並薦能者使成童而上講誦經書小學之居通達名數朝夕勸善日月討能固當漸

瀆簡編乾修志業與其趨異端而無守豈若就有道而自修居常謹思戒在中止其子弟不率教約俾教授官本位尊長具名申大宗正司量行戒責教授官不職不能勉勵大宗正司察訪以聞初帝以宗室自率府副率以上八百餘人其奉朝請者四百餘人而教學之官六員而已因命增置凡皇族年三十以上者百十三人置講書四員年十五以上者三百九人增置教授五員年十四以下者別置小學教授十二員并舊六員爲二十七員以分教之

帝謂韓琦等曰凡事之行患于漸久而怠廢況爲學之道尤戒中止諸宗室之幼者仍須本位尊長常加率勵庶不懈惰可名舍人諭此意作詔戒勉之故有是詔

丙午詔曰朕嗣守丕業率循舊章惟皇屬之敦和命宗臣而董正累聖承繼百年盛隆宗社慶靈本支蕃衍念其性本于仁厚宜廣學以勤修顧其日益于衆多必增員而統理外已詔於儒學各選經師內仍擇于親賢共司屬籍庶乎協贊其職並修厥官糾乃非違以正爲率勉夫怠墮惟善是從

帝既命增置宗室學官以謂宗室數倍於前而宗正司事亦滋多乃增置同知大宗正事一員以宗惠爲之而降是詔

九月詔以五日開邇英閣至重陽節當罷侍講呂公著司馬光言

陛下始初清明宜親近儒雅講求治術願不惜頃刻之閒日御經筵從之

帝御邇英閣未嘗發言有所詢問二年十月侍講司馬光上言臣聞易曰君子學以聚之問以辨之論語曰疑思問中庸曰有弗問問之弗得弗措也

有弗辨辨之弗明弗措也以此言之學非問辨無由發明今

陛下若皆默而識之不加詢訪雖爲臣等踈淺之幸竊恐無以宣暢經旨裨助

聖性望

陛下自今講筵或有臣等講解未盡之處乞賜詰問或慮一時記憶不能詳備者許令退歸討論次日別具劄子敷奏庶几可以輔稽古之志成日新之益

帝嘉納之

壬子龍圖閣直學士兼侍講盧士宗知青州士宗在侍從逾十五年因對乞補外入辭

帝謂曰學士忠純之操朕固素知豈當久處外邪且命再對

三年四月辛丑命龍圖閣直學士兼侍講司馬光編集歷代君臣事迹于是光奏曰臣自少以來略涉羣史竊見紀傳之體文字煩多雖以衡門專學之士往往讀之不能周浹況于帝王日有萬几必欲徧知前世得失誠爲未易竊不自揆常欲上自戰國下訖五代正史之外旁采它書凡關國家之

興衰繫生民之休戚善可爲法惡可爲戒王者所宜知者略依左氏春秋傳體爲編年一書名曰通志其餘浮冗之文悉删去不載庶幾聽覽不勞而聞見甚博私家區區力不能辦徒有其志久而無成鄉曾以戰國時八卷上進幸蒙賜覽令所奉詔旨未審令臣續成此書或別有編集甚續此書欲乞亦以通志爲名其書上下貫穿千有餘歲固非愚臣所能獨修伏見韶州翁源縣令劉恕將作監生簿趙君錫皆有史學爲衆所推欲望差此二人與臣同修庶早成書

詔從之而令接所進書八卷編集俟書成取
旨賜名其役君錫父喪不赴命太常博士國子監
直講劉攽代之
六月壬子改清居殿曰欽明名直龍圖閣王廣淵
書洪範於屏
帝謂廣淵曰
先帝臨御四十年天下承印得以無爲朕方屬多
事豈敢自逸故改此殿名因訪廣淵先儒論洪範
得失廣淵對以張景所得最深以景爲七篇進明
日復名對延和殿

帝曰景所說過先儒遠矣以三德爲馭臣之柄尤爲善論朕遇臣下常務謙柔聽納之間則自以剛斷此屏置之坐右豈特無逸之戒也

臣祖禹曰

英宗皇帝潛德藩邸修身好學故

仁宗以知子之明付畀大業及即位首勸宗室以學蓋

帝以身先之知學之益不學之損也又諭輔臣凡學之道戒在中止

聖訓豈不大哉

神宗英文烈武聖孝皇帝

嘉祐八年五月始聽講讀于東宮天資好學尋繹讀問有至日昃内侍言恐饑當食

上曰聽讀方樂豈覺饑耶

英宗以

上讀書太多嘗遣内侍止之當講讀正衣冠拱手雖大暑未嘗使人揮扇待官僚有禮伴讀王陶入侍上率弟顥拜之陶讀舜本紀言舜孝友事大愛慕之又讀商書紀仲虺作誥因取尚書讀之至志自滿九族乃離

上曰微子去之是也

治平四年正月

上即位九月壬寅以御史中丞司馬光爲翰林學士兼侍讀學士先是光言張方平不當叅知政事臣是人言臣言果是則方平當罷若其非是則臣當遠貶今兩無所問而臣復還翰林仍加美職未曉所謂乞察臣所言是非知通進銀臺司呂公著亦言不當遽罷光中丞封還制書

上手詔光得卿奏及謂因前日論方平不當故有易命此乃卿思之誤非朕本意也朕以卿經術行

義爲世所推今將開延英之席比得卿朝夕討論敷陳治道以箴遺闕故命進讀資治通鑑此朕之意皎然易見也況命卿之旨在二十六日登對前苟朕以言事罪卿豈復遷卿美職必諒朕誠更勿橫慮可即授告敕呂公著所以封還者蓋不知此意耳俟對日朕亦當諭旨

十月己酉初御邇英閣召侍臣講讀經史退

上獨留呂公著謂曰朕以司馬光道德學問欲常勸講左右非謂其言事也公著復奏遂解銀臺司

甲寅司馬光初讀資治通鑑

上親製序面賜光令俟書成日寫入又賜穎邸舊書二千四百二卷

壬戌

上出知鳳州梁泉縣令范亦顏所上書及濮廟議

命邇英閣講讀官定奪仍宣諭立濮王廟非

先帝本意先是七月亦顏以前嘉州夾江縣令投撿止上書曰中庸曰非天子不議禮是禮惟

天子可得而議也

仁宗皇帝無子子

英宗而付以天地之大業盛德也

英宗皇帝即大位服三年日夜惴慄恐墜休緒大孝也詔議變禮以尊所生不忘本也濮安懿王之於英宗伯父也原所生之德而尊其號冠之以所封之濮明止一國非所以兼天下也於是右司諫劉庠侍御史張紀殿中侍御史張唐英監察御史裏行唐淑問等言亦顏小臣敢為欺罔以白為黑惑亂天聽詿誤聖朝狹邪亂政漸不可長乃降亦顏下縣主簿尉

熙寧元年四月庚申翰林學士兼侍講呂公著等

言竊尋故事侍講者皆賜坐自乾興以後講者始立而侍者皆坐聽臣竊以謂侍者可使立而講者當賜坐乞付禮官考議詔太常禮院詳定以聞後判太常寺韓維刁約同知太常禮院胡宗愈言臣等竊謂臣侍君側古今之常或賜之坐蓋出優禮祖宗以來講說之臣多賜坐者以其敷暢經藝所以明先王之道道之所存禮則加異

太祖開寶中李穆薦王昭素於朝召對便殿賜坐令講易乾卦

太宗端拱中幸國子監升輦將出顧見講坐因召

學官李覺講說覺曰
陛下六飛在御臣何敢輒升高坐
太宗爲之降輦令有司張帟幕設別坐詔覺講易
之泰卦令列侍之臣尚得環坐執經而講者顧使
獨立於前則事體輕重誠爲未安臣等以爲宜如
天禧舊制以彰
陛下稽古重道之意判太常寺龔鼎　蘇頌周孟
陽同知太常禮院王訡劉攽韓忠彥言臣等竊謂
侍從之官見於天子若賜之坐有所顧問猶當避
席立語況執經人主之前本欲便於指陳則立講

爲宜若謂傳道近於爲師則今侍講解說舊儒章句之學耳非有爲師之寔豈可專席安坐以自取重也又朝廷班制以侍講居侍讀之下

祖宗建官之本意重輕可知矣今若使侍講輒坐其侍讀當從何禮若亦許之坐則侍從之臣每有進說皆當坐矣且乾興以來侍臣立講歷

仁宗

英宗兩朝行之且五十年豈可一旦以爲有司之失而輕議變更乎今人主之待侍臣由始見以及畢講皆賜之坐其尊德重道固已厚于三公矣尚

何加焉其講官侍立伏請仍舊初孫奭坐講
仁宗尚幼跂案以聽之奭因請立講論者不以爲
是王安石兼侍講請復乾興以前故事使預聽者
立亦坐之日少而立侍之日多于是公著等遂同
建明已而衆議不同
上以問曾公亮公亮但稱臣侍
仁宗書筵亦立後安石因講賜留
上面諭曰卿當講日可坐安石不敢坐遂已
十月壬寅詔講筵權罷講禮記自今講尚書先是
王安石次未當講

上命安石講至曾參易簀安石曰聖人以義制禮其詳至于牀第之閒君子以仁行禮其勤見于將死之際

上稱善未几安石言禮記所載多駁雜乞今講尚書故有是旨

講甘誓予則孥戮汝呂公著曰古之仕者世祿若身以罪戮則子降爲阜隸人失伍死不入兆域如此之類皆恥累其世父子兄弟罪不相及賞善及子孫罪惡止其身非弃殺其子也

講天乃錫王勇智

上曰何以獨言勇智呂公著對仲虺方稱成湯能伐夏救民故以勇智言之然聖人之德當如易所謂聰明睿智神武而不殺者然後可爲盡善矣

帝學卷第七

帝學卷第八

左朝散郎試給事中兼侍講充實錄修撰兼國史院修撰輕車都尉賜紫金魚袋臣范祖禹上進

神宗英文烈武聖孝皇帝下

熙寧三年九月戊辰初御邇英閣講讀

己巳召御史中丞呂公著來旦赴經筵公著以臺丞侍講又兼經筵職遇講讀即赴

十一月庚辰司馬光講資治通鑑漢紀至曹參代蕭何爲相國一遵何故規因言參以無事鎮撫海内得守成之道故孝惠高后時天下晏然衣食滋殖

上曰使漢常守蕭何之法久而不變可乎光曰何獨漢也夫道者萬世無弊夏商周之子孫苟能常守禹湯文武之法雖至今存可也武王克商曰乃反商政政由舊雖周亦用商政也書曰毋作聰明亂舊章然則

祖宗舊法何可變也漢武帝用張湯之言取高帝法紛更之盜賊半天下宣帝用高帝舊法但擇良二千石使治民而天下大治元帝初立頗改宣帝之政丞相衡上疏言臣竊恨國家釋樂成之業虛爲此紛紛也

陛下視宣帝元帝之爲政誰則爲優荀卿曰有治人無治法故爲治在得人不在變法也

上曰人與法亦相表裏耳光曰苟得其人則無患法之不善不得其人雖有善法失先後之施矣故當急於求人而緩於立法也

壬午呂惠卿講咸有一德因言法不可不變先王之法有一歲一變者正月始和置於象魏是也有五歲一變者五載一巡守考制度於諸侯是也有一世一變者刑罰世輕世重是也有百世不變者父慈子孝兄友弟恭是也前日司馬光言漢守蕭

何之法則治變之則亂臣竊以爲不然惠帝除三族罪妖言令挾書律文帝除收孥令安得謂之不變哉武帝以窮兵黷武奢淫厚歛而盜賊起宣帝以總覈名實而天下治元帝以任用恭顯殺蕭望之而漢道衰皆非由變法與不變法也夫法弊則必變安得坐視其弊而不變邪書所謂無作聰明亂舊章者謂實非聰明而強作之非謂舊章不可變也光之措意蓋不徒然必以國家近日多更張舊政因此規諷必以臣制置三司條例及看詳中書條例故發此論也臣願

陛下深察光言苟光言爲是則當從之若光言爲非陛下亦當播告之修不匿厥指名光詰問使議論歸一

上名光前謂曰卿聞呂惠卿之言乎惠卿之言如何光對曰惠卿之言有是有非惠卿言漢惠文武宣元治亂之體是也其言先王之法有一歲一變五歲一變一世一變則非也正月始和置於象魏者乃舊章也非一歲一變也亦猶州長黨正族師於四孟月朔屬民而讀邦法也豈得爲時變月變

邪天子恐諸侯變禮易樂故五載一巡守有變亂舊章者則削黜之非五歲一變法也刑罰世輕世重者蓋新國亂國平國隨時而用非一世一變也且治天下譬如居室弊則修之非大壞不更造也大壞而更造必得良匠又得美材今二者皆無有臣恐風雨之不庇也講筵之官皆在此乞

陛下問之三司使掌天下財不才而黜可也不可使兩府侵其事今爲制置三司例條司何也宰相以道佐人主安用例苟用例而已則胥史足矣今爲看詳中書條例司何也惠卿曰司馬光備位侍

從見朝廷事有未便即當論列有官守者不得其守則去有言責者不得其言則去豈可但也光曰前者詔書責侍從之臣言事臣嘗上疏指陳得失如制置條例司之類盡在其中未審得進達聖聽否

上曰見之光曰然則臣不爲不言也至於言不用而不去此則臣之罪也惠卿責臣實當其罪臣不敢逃

上曰相與共講是非耳何至乃爾王珪進曰司馬光所言蓋以朝廷所更之事或爲利甚少爲害甚

多者亦不必更耳因目光令退王珪進讀史記光
進讀資治通鑑畢降階將退
上命遷坐鬀於閤内御榻之前皆命就坐王珪禮
辭不許乃皆再拜而坐左右皆避去
上曰朝廷每更一事舉朝士大夫詾詾皆以爲不
可又不能指名其不便者果何事也珪對曰臣疏
賤在闕門之外朝廷之事不能盡知借使聞之道
路又不能知其虛實也
上曰據所聞言之光曰朝廷散青苗錢玆事非便
今閭里富民乘貧者乏無之際出息錢以貸之俟

其收穫責以穀麥貧者寒耕熱耘僅得斗斛之收未離場圃已盡爲富室奪去彼皆編戶齊民非有上下之勢刑罰之威徒以富有之故尚能蠶食細民使之困瘁況縣官督責之嚴乎臣恐細民將不聊生矣呂惠卿曰司馬光不知此事彼富室爲之期害民今縣官爲之乃所以利民也昨者青苗錢令民願取者則與之不願者不強也光曰愚民知取債之利不知還債之害昨獨縣官不彊富民亦不彊也臣聞作法於涼其弊猶貪作法於貪弊將若何昔

太宗平河東立和糴法時米斗十餘草束八錢民樂與官爲市其後物貴而和糴不解遂爲河東世世患臣恐異日之青苗亦如河東之和糴也

上曰陝西行之久矣民不以爲病也光曰臣陝西人也見其病不見其利朝廷初不許也而有司尚能以病民況今立法許之乎

上曰坐倉糴米何如王珪等皆起對曰坐倉甚不便朝廷近罷之甚善

上曰未嘗罷也光曰今京師有七年之儲而錢常乏若坐倉錢益乏米益陳祭何惠卿曰坐倉得米

百萬石則歲減東南百萬之漕以其錢供京師何患無錢光曰東南錢荒而米狼戾今不糴米而漕錢棄其有餘取其所無農末皆病矣侍講呉申起曰光言至論也光曰此皆細事不足煩聖慮陛下但當擇人而任之有功則賞有罪則罰此則陛下職也

上曰然文王罔攸兼于庶言庶獄庶慎惟有司之牧夫正謂此也

上復與衆人講論治道至晡後王珪等請起

上命賜湯復謂光曰卿勿以嚮者呂惠卿之言遂

不慰意光對曰不敢遂退

三年四月癸未司馬光讀資治通鑑漢賈山上疏言秦皇帝居誠絶之中不自知因言從諫之美拒諫之禍晏子曰和與同異水大醯醢鹽梅皆相反之物宰夫濟其不及以泄其過若羹已鹹復濟以鹽已酸復濟以梅何可食也伊尹戒太甲有言逆于汝心必求諸道人之情誰不欲人順己而惡其逆惟聖賢知順之損知逆之益譬如酒醴雖適口而醉人藥物雖苦口而除病是以臣之於君剛則和之柔則掖之明則晦之晦則明之非故相反欲

裁其有餘補其不足以就皇極耳若逆已者即黜降順已者即不次拔擢則諂諛日進忠正日踈非廟社之福也

上曰舜聖讒說殄行若臺諫欺罔爲讒安得不黜

光曰臣因進讀及之耳時事臣不敢妄論也

丁亥司馬光讀資治通鑑漢張釋之論嗇夫利口

光曰孔子稱惡利口之覆邦家夫利口何至覆邦家蓋其人能以是爲非以非爲是以賢爲不肖以不肖爲賢人主苟以是爲非以非爲是以賢爲不肖以不肖爲賢則邦家之覆誠不難矣

十年八月丙午御邇英閣講詩

上問侍講沈季長曰豐年言秋冬報良耜何以止言秋報季長對畢

上又問豐年不言報上帝良耜何以疊言報社稷季長對畢

上曰此終始之詩也

十月庚辰侍讀鄧潤甫陳襄讀史記因言司馬遷史載秦漢以來君臣事迹有不足以陳於陛下之前者如呂不韋傳之類是也

上曰若此之類皆闕之勿讀沈季長履黃奏講詩

畢不知進講何經

上曰先王禮樂法度莫詳於周宜講周禮

元豐元年三月辛巳御邇英閣沈季長講周禮八法

上曰或言邦治或言官治何也季長對畢

上曰然

壬午侍讀學士呂公著讀後講書畢

上留公著極論治體至三皇無爲之道釋老虛寂之理公著問

上曰此道高遠堯舜能知之乎

上曰堯舜豈不知公著曰堯舜雖知之然常以知人安民爲難此所以爲堯舜也

上又論前世帝王曰漢高祖武帝有雄材大略高祖稱吾不如蕭何吾不如韓信至張良獨曰吾不如子房蓋以子房道高尊之故不名也公著曰誠如聖諭

上又曰武帝雖以汲黯爲戇然不冠則不見後雖得罪猶以二千石祿終其身公著曰武帝之於汲黯僅能不殺耳

上又論唐太宗公著曰太宗所以能成王業者以

其能屈己從諫耳
上臨御日久羣臣畏
上威嚴莫敢進規至是聞公著言竦然欽納之
丁亥黄履講八柄
上曰坐而論道謂之三公而八柄非太宰所得與
何也履對畢
上曰然
辛卯沈季長講九賦
上曰或言開市文賦或言開市之征何也季長對
畢

上曰然

癸巳黄履講九式

上曰賓客之式次於祭祀而八政七曰賓何謂也

履對畢

上曰然

四月丙寅沈季長講小宰掌建邦之宮刑以治王宮之政令凡宮文糾禁

上曰政令糾禁詳略如何季長對畢

上曰言凡宮之糾禁則是不止於王宮又及於諸侯也

八月戊辰黃履講宰夫之職正歲書其能者與其良者而以告於上

上曰或言詔王廢置或言以官刑詔家宰而誅之或言以告而誅之或言以告於上何也履對曰詔家宰者詔冢宰而已以告而誅之以告於上者或詔王或色王及官長皆不得專也

上曰或三年或歲終則書能否告之以爲廢置此獨於正歲何也豈非舊歲之所考書以告乎履曰然

二年六月辛酉左諫議大夫安燾等上諸司式

上閱講筵式開講罷講申中書
上曰此非政事何豫中書可刋去之
六年四月壬申御邇英閣蔡卞講周禮司市
王曰先王建官市治獨如此其詳何也卞對曰先
王建國面朝而後市朝以治君子市以治小人不
可略也
上曰市衆之所聚詳於治衆故也後世治市之法
闕略今可求而復乎卞對曰先王之時有鄉有遂
有朝有市其事相須也
七年十二月戊辰端明殿學士司馬光上資治通

鑑五代紀三十卷資治通鑑目治平三年置局每修一代史畢王之至是書成總二百九十四卷目錄考異各三十卷

上諭輔臣曰前代未嘗有此書過荀悅漢紀遠矣輔臣請觀之遂命付三省仍令速進入以光爲資政殿學士降

詔獎諭

臣祖禹曰

神宗皇帝即位之初多與講讀之臣論政事於邇英君臣傾盡無有所隱而

帝天資好學自強不息禁中觀書或至夜分其勵精勤政前世帝王未有也自熙寧至元豐之末間日御經筵風雨不易蓋一遵

祖宗成憲以爲後世子孫法也可不念哉

臣祖禹拜手稽首曰三皇之時至質略矣伏羲始開人文神農以下皆有師聖人之德莫大於學在易乾之六爻龍德變化皆聖人也九二曰見龍在田孔子曰龍德而正中也由學以聚之問以辨之故天下文明九三曰君子終日乾乾孔子曰進德修業欲及時也至于九五飛龍在

天則與天地合其德與日月合其明與四時合其序與鬼神合其吉凶先天而天不違後天而奉天時聖人之德莫盛於此由學以致之也九二九五皆曰利見大人蓋非學則不能爲大人故堯舜稽古垂衣裳而天下治聖學之效也楊雄曰學之爲王者事其已久矣堯舜禹湯文武汲汲仲尼皇皇其已久矣學始於伏羲至於成王易詩書所稱聖人所述爲萬世法由漢以下其道不純故可稱者鮮自古以來治日常少亂日常多推原其本由人君不學也恭惟

本朝
累聖相承百三十有二年四方無虞中外底寧
動植之類蒙被涵養德澤深厚遠過前世皆由
以道德仁義文治天下
人主無不好學故也
陛下廣覽載籍歷觀前世創業之主守文之君
有如
祖宗之皆好學者乎由三王至於五代治安長
久有如
本朝之百年太平者乎今人有寶器且猶愛惜

之恐其傷缺況
祖宗百三十餘年全盛之天下可不務學以守
之乎臣人聞學則必問問然後爲學中庸曰君
子尊德性而道問學致廣大而盡精微極高明
而道中庸皆所以爲天下法也堯有衢室之問
舜有總章之訪動必咨於四岳孔子稱舜之大
智曰好問仲虺戒湯曰好問則裕學聖者之先
務也問者學之大方也文王詢于八虞而諮于
二虢度于閎夭而謀於南宮諏於蔡原而訪于
辛尹重之以周召畢榮所以能成其聖也武王

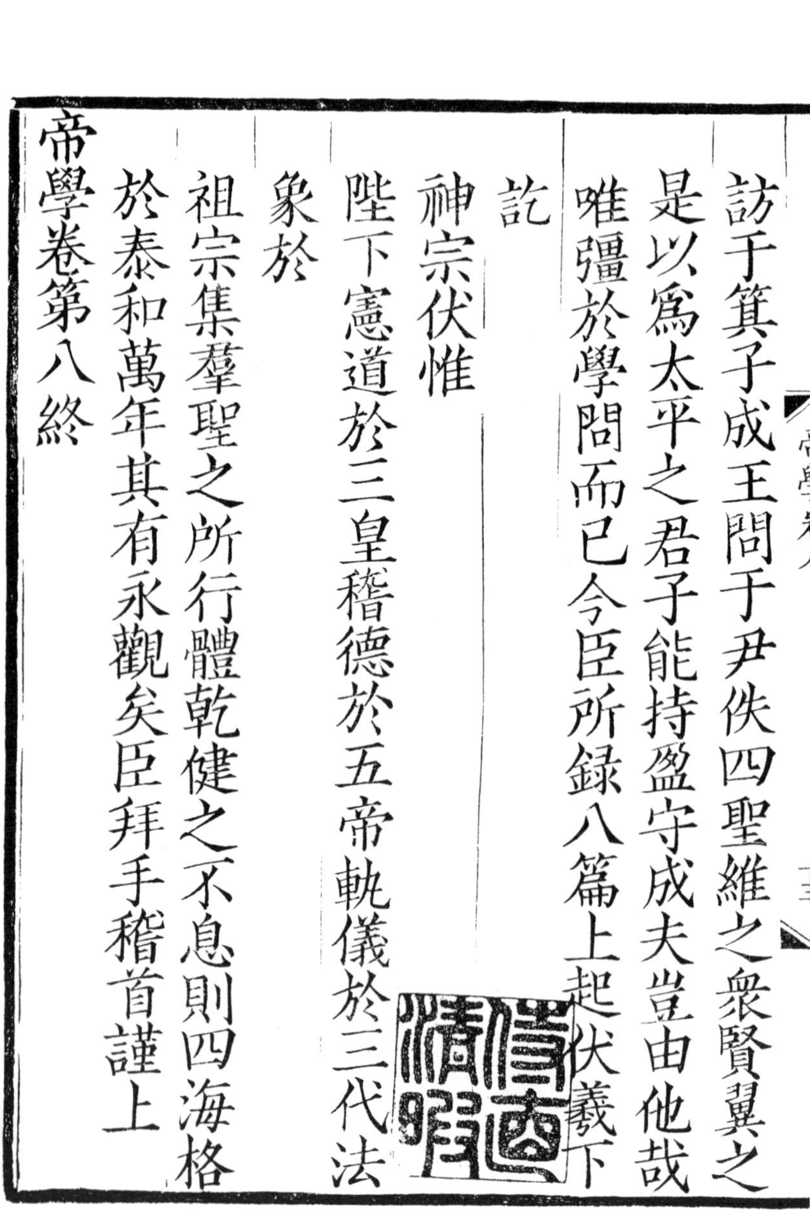

訪于箕子成王問于尹佚四聖維之衆賢翼之是以爲太平之君子能持盈守成夫豈由他哉唯彊於學問而已今臣所録八篇上起伏羲下訖

神宗伏惟

陛下憲道於三皇稽德於五帝軌儀於三代法象於

祖宗集羣聖之所行體乾健之不息則四海格於泰和萬年其有永觀矣臣拜手稽首謹上

帝學卷第八終